Der unendliche Schmerz der Verlassenen

Mein aufrichtiger Dank gilt
Gisela Nehrbaß
Ohne ihre Beteiligung und Motivation,
wäre dieses Buch nicht entstanden

Steffen Bilawni
Für die Satz- und Covergestaltung

Ernst Crameri

Der unendliche Schmerz der Verlassenen

Erste Hilfe zum Überleben

Grausam aber wahr, der Partner ist weg

Bibliografische Information der Deutschen Nationalbibliothek
Die Deutsche Nationalbibliothek verzeichnet diese Publikation
in der Deutschen Nationalbibliografie; detaillierte bibliografische Daten sind i
Internet über http://dnb.d-nb.de abrufbar.

© 2013 Ernst Crameri
Crameri-Naturkosmetik GmbH Beauty&Wellness

ISBN: 978-3-86689-009-1

Inhaltsverzeichnis

Vorwort 9
Arbeiten Sie mit dem Buch 11
Was hat Sie inspiriert, dieses Buch zu kaufen 15
Der berühmte Mehrwert 17
Was ist passiert 19
Schreiben Sie Ihren Schmerz auf 23
Die ersten Stunden 25
Jetzt beginnt die Schuldfrage 29
Wer anderen die Schuld gibt, gibt Ihnen die Macht 31
Unendliche Wut und Hass 33
Rosenkrieg, die schlimmste Form 35
Bleiben Sie cool 38
Keine Lebensfreude 40
Was bereitet Ihnen Freude 44
Woran hat Sie Ihr Partner gehindert 49
Ihre neue Freiheit 53
Was fangen Sie mit Ihrer neuen Freiheit an 56
Der Erziehungshorror 62
Nehmen Sie sich vor Ihren Glaubenssätzen in acht 73
Zweifel und Angst, als Erziehungsmethoden 79
Ihre negativen Glaubenssätze zu Zweifel und Angst 81
Es ist unfassbar 85
Geben Sie nicht auf 88
Bitte keine Rachefeldzüge 91
Ich bin einsam 94
Ihre Erfolgsformel Z + P + T + K 98
Sie fühlen sich kraft- und mutlos 102
Wie geht es weiter 105

Den alten Partner zurückholen 108
Einen neuen Partner organisieren... 113
Weiterleben wie bisher 119
Jetzt erst recht.. 121
Stürzen Sie sich in die Arbeit... 126
Lassen Sie sich zum Erfolg coachen 128
Abschlusswort 131
Meine und unsere Dienstleistungen**Fehler! Textmarke nicht definiert.**
Ein Auszug aus unseren Werken**Fehler! Textmarke nicht definiert.**

Vorwort

Liebe Leser,

dass Sie dieses Buch erworben haben, hat sicherlich seinen Grund. Vielleicht lesen Sie es aus Neugierde, oder um im Falle eines Falles, gut vorbereitet zu sein. Eventuell gehören Sie zu der Gegenseite, die den Partner verlassen will oder bereits hat. Die meisten sind jedoch verlassen worden. Was dies für einen Schmerz und ein Ohnmachtsgefühl auslöst, ist unglaublich. Der Boden wird Ihnen buchstäblich unter den Füßen weggerissen. Nichts ist so, wie es vorher war. Alle Werte, die gemeinsam aufgebaut wurden, sind von einer Minute zur anderen zerstört. In der Regel stürzen Sie ins Bodenlose, keinen Halt, nichts mehr. Sie zählen sich nachts zu den Schlaflosen und Ihre Lebensfreude sinkt unter null. Vielleicht spielen Sie sogar mit dem Gedanken, sich von dieser Welt zu verabschieden. Grausam das Ganze und kein Ende in Sicht. Das ist nicht gut für Sie, denn so blöd der Spruch auch klingen mag

„Das Leben geht weiter!"

Ich weiß, solche Aussagen nützen einem genau in diesem Moment nichts. Sie scheinen untröstlich zu sein und sind es tatsächlich. Niemand kann Sie trösten, nicht einmal Sie selbst. Hier gilt es, andere Wege zu finden und die gibt es zur Genüge.

Ich habe das Buch geschrieben, weil ich selbst schon in den Genuss kam. In unendlich vielen Partnerschaftscoachings und im Erfolgscoaching, immer wieder auf diesen Punkt gestoßen bin. Im Laufe von Jahren haben sich schöne Möglichkeiten aufgetan, damit umgehen zu können. Genau das ist der Punkt, die Situation ist nun einmal gegeben, daran lässt sich meistens nichts ändern. Jetzt heißt es, so schnell wie möglich, mit dem neuen Leben klarzukommen. Frieden für sich zu finden und wieder zur Lebensfreude zurück zu gelangen. Auf keinen Fall in ein jahrelanges Trauern verfallen. Das wäre das Schlimmste, was Ihnen passieren könnte, genau das wollen wir vermeiden.

Spannende Seiten warten auf Sie, machen Sie bitte mit, wenn ich Ihnen Aufgaben stelle. Füllen Sie die Fragen sofort aus, nicht auf irgendwann verschieben, sondern gleich. Die Schriftlichkeit hilft Ihnen vieles zu erkennen, Maßnahmen einzuleiten und dabei stets den Überblick zu behalten, um das geht es in erster Linie. Sie dürfen nicht mit der neuen Situation untergehen. Kein Mensch auf dieser Erde ist es wert, dass man sich aufgibt. Folglich passen Sie gut auf sich auf, arbeiten Sie eifrig mit und werden Sie nimmermüde, die Dinge umzusetzen. Am Anfang mag es Ihnen, das eine oder andere Mal schwerfallen. Sie würden sich am liebsten in Ihr Schneckenloch verkriechen. Wir werden Momente der Trauer erleben und diese zulassen, aber bitte niemals raum- und zeitfüllend. Wir lassen uns nie und nimmer die Lebensfreude nehmen, auch wenn es oft so scheint.

Ich freue mich, dass Sie dieses Buch als Ihren persönlichen Ratgeber gekauft haben. Sie damit leben und am Ende des Werkes damit umgehen können. Danach haben Sie Kraft und Energie für ein neues, lebensbejahendes Leben mit viel Freude, Elan und Inspiration getankt. Auch wenn es im Moment anders ausschaut.

Ich wünsche Ihnen von Herzen die Kraft und die Power, alles durchzuziehen und von Tag zu Tag immer mehr Lebensfreude zu erlangen.

Alles Liebe und Gute

Ihr Ernst Crameri

Arbeiten Sie mit dem Buch

Die meisten lesen ein Buch und legen es danach zur Seite, das ist eine Möglichkeit. Besser ist es, mit einem Buch intensiv zu arbeiten. Seite für Seite durchzugehen und sich Notizen zu machen. Ich höre dann oft „Das kann man doch nicht machen!" Wieso denn nicht? Ist ein Buch zur Zierde da, ganz bestimmt nicht. Ziel ist es, dass Sie daraus lernen und möglichst schnell die erlernten Dinge umsetzen.

Teilen Sie jede Seite Ihres Buches in zwei Hälften

Wenn Sie die erste Hälfte gelesen haben, machen Sie eine Pause und überlegen sich, was das Wichtigste für Sie aus dieser Passage war. Danach schreiben Sie Ihre Erkenntnis in einem Satz, oben in das weiße Feld Ihres Buches. Lesen die zweite Hälfte und wiederholen das Ganze, dadurch bleiben die Dinge haften. Sie lesen ein Buch, weil Sie der Titel angesprochen hat und Sie bestimmte Erwartungen haben. Wenn Sie in die Schriftlichkeit gehen, haben Sie den Vorteil, dass Sie sich mit dem Thema auseinandersetzen. Durch das Erarbeiten der Quintessenz bleiben die Dinge haften und werden durch die Umsetzung, zu einem Teil von Ihnen.

Gehen Sie in die kleinsten Details

Wichtig ist, dass Sie ein Buch richtig und optimal für sich nutzen. Für mich ist jedes Buch, sofern mir der Stil und der Inhalt zusagen, ein Arbeitswerk. Ich kaufe ein Buch, weil mich der Inhalt interessiert und ich daraus für mich etwas lernen möchte. Nach der Devise „Lerne fürs Leben!" Eines meiner Lebensinhalte ist

„Lebenslanges Lernen!"

Ständiges Weiterbilden gehört für mich zu meinem Leben dazu. Ich freue mich über jeden Tag, an dem ich Neues dazulerne, denn Stillstand bedeutet immer Rückschritt.

Halten Sie Ihr Schreibwerkzeug parat

Deutsch ist für mich eine traumhafte Sprache. Im Wort „Schreib – werk - zeug" ist SCHREIBEN enthalten, um daraus ein neues WERK zu schaffen. Es gibt nichts Schöneres, als kreativ tätig zu sein. Eines der wichtigsten Dinge ist, Erkenntnisse und Ideen schriftlich festzuhalten. Wenn wir das nicht tun, ist es schnell verflogen. Ich vergleiche dies gerne mit dem Phänomen der fliegenden Fische, das kennen Sie bestimmt auch. Die Fische springen aus dem Wasser, man sieht sie kurz und ruckzuck sind sie wieder untergetaucht. Die Vergesslichkeitsquote von uns Menschen, ist niemals zu unterschätzen. Vieles geht verloren, das ist schade, irgendwann erinnern wir uns, dass da noch etwas war, das sogenannte „Déjà-vu-Erlebnis."

Jedes Buch sollte für Sie zu einem Arbeitsbuch werden

Oft tendieren wir dazu, auf irgendwelchen Papierfetzen unsere Gedanken festzuhalten, oder in ein Heft zu schreiben. Wie schnell sind diese verloren. Ich bin erstaunt darüber, dass Bücher zurück ins Bücherregal gestellt werden und dort ihren festen Platz haben. Es ist für mich spannend, ein Buch Jahre später wieder in die Hand zu nehmen, zu überfliegen und festzustellen, wie viel sich bereits geändert hat. Leider bekommen wir das im Alltag oft nicht mit. Das ist schade, denn den Fortschritt vor Augen zu haben, wirkt inspirierend, genau um das geht es.

Leuchtmarker für wichtige Passagen

Für interessante Abschnitte verwenden Sie einen Leuchtmarker. Wir sprechen hier von den sogenannten Leitsätzen. Wie es das Wort bereits ausdrückt, dienen diese dazu, uns auf dem neuen Lebensweg zu leiten. Ich finde, es gibt wirklich nichts Schlimmeres, als geistigen Stillstand. Entwicklung ist nun einmal das A und O für uns Menschen.

Wenn Sie mit dem Buch nicht klarkommen

Seien Sie ehrlich zu sich, das Leben ist zu wertvoll, um sich unnötig zu quälen, auch mir passiert das oft. Ich sehe ein Buch und denke, dass dies mein Thema sein könnte, kaufe es und fange an zu lesen. Nach den ersten Seiten merke ich „Oh nein, der Stil gefällt mir nicht und womöglich ist der Inhalt auch nicht ansprechend." Ich bin der Meinung, ein Buch muss griffig sein. Es sollte leicht und locker zu lesen sein, muss fesseln und begeistern. Wenn ich dabei immer wieder ein „Aha-Erlebnis" generieren kann, liege ich goldrichtig. Ist das Gegenteil der Fall, lese ich nicht weiter, so vergeude ich keine Zeit.

Ich überfliege im Schnelldurchgang die Seiten. Wenn ich denke, da könnte eventuell noch etwas Spannendes kommen, lese ich es kurz an. Wenn ja, mache ich weiter und wenn nein, verschenke ich das Buch. Entweder an Freunde oder Bekannte, von denen ich denke, es könnte für sie interessant sein, oder an die örtliche Bibliothek, diese freuen sich darüber. Als letzte Alternative bleibt, es zu entsorgen. Früher habe ich die Bücher gesammelt, in der Hoffnung, dass es eines Tages besser werden könnte. Wichtig ist, ein Buch zu lesen, muss Spaß und Freude bereiten, dann ist auch der Lerneffekt gegeben.

Setzen Sie sich mit den einzelnen Passagen auseinander

Es wird Ihnen öfters passieren, dass Sie manches berührt. Das ist gut, und wenn sich ein gewisser Widerstand bilden sollte, schauen Sie einmal genauer hin. Manches ist einfach zu unbequem. Bei anderem, werden Sie sich selbst entdecken und vor allem Ihre wunden Stellen. Die Dinge, von denen Sie wissen, dass diese längstens gelöst sein sollten. Wie oft machen wir uns das Leben unnötig schwer, warum nur?

Lesen Sie nie mehr passiv

Gehen Sie bitte nie passiv durchs Leben. Es ist etwas höchst Aktives und will Tag für Tag gelebt sein. Genießen Sie Ihr Leben und dies in vollen Zügen. Dadurch erlangen Sie die immens große Lebensfreude. Es gibt wirklich nichts Schöneres, als eines Tages, wenn Sie älter sind, zurückzublicken und sagen zu können

„Ich habe mein Leben 100%-ig gelebt!"

Ein wunderbares, reichhaltiges Leben, dafür bin ich unendlich dankbar und glücklich. Aus diesem Grunde, fange ich heute noch damit an.

Was hat Sie inspiriert, dieses Buch zu kaufen

Vielleicht fragen Sie sich, was diese Frage soll. Eines ist im Leben von großer Wichtigkeit, zu hinterfragen, wieso man etwas tut. Viele leben in den Tag hinein und sind erstaunt, dass häufig Dinge dabei herauskommen, die man „eigentlich" nicht wollte. Das ist schade und fatal, denn genau dadurch wird kostbare Lebenszeit zerstört. Darüber machen sich die wenigsten Gedanken. Viele leben, als hätten sie ein ewiges Leben. Meistens wacht man erst dann auf, oft unsanft und voller Schrecken, dass schon so viel Lebenszeit vorbei ist.

Wenn Sie handeln, nur in Richtung Ihres Lebensziels
Machen Sie es zu Ihrer obersten Lebensmaxime, tun Sie nur dann etwas, wenn Sie genau wissen wieso. Hinterfragen Sie sich vor jedem Handeln, was es bringt. Welcher Sinn dahinter steckt und ob es Ihrem Leben entspricht. Wir funktionieren leider zu häufig, um erst später zu entdecken, dass einiges schiefgelaufen ist. Da dürfen Sie nie mehr hinkommen.

Wieso haben Sie dieses Buch gekauft
Nehmen Sie sich die Zeit, diese Frage zu beantworten. Auch wenn es Ihnen vielleicht lästig erscheint und Sie lieber weiterlesen möchten. Halten Sie dennoch kurz inne und reflektieren darüber. Schreiben Sie sofort mindestens fünf Punkte auf, wieso Sie das Buch gekauft haben und was Sie davon erwarten.

1.) _____

2.) _____

3.) _____

4.) _____

5.) _____

Immer und immer wieder in die Schriftlichkeit gehen. Das, was man schwarz auf weiß hat, kann man nachvollziehen, analysieren und wiederholen. Wie fühlt es sich für Sie an?

Ihr Fazit: _____

Inspiration, als Ausgangsbasis

Erst dadurch entsteht etwas Großes und Erfüllendes. Leider gibt es Menschen auf dieser Erde, ohne ein Fünkchen Inspiration. Das ist schade, so vor sich hinzuleben. Dann solch eine Situation, die sich zuträgt, in der man verlassen wird, diese noch als Schicksal zu sehen, ist fatal. Schauen Sie bitte immer, dass Sie stets Herr der Lage sind.

Wie wenden Sie das Erlernte an

Im Vorfeld sich bereits darüber Gedanken machen. Werden Sie es umsetzen und sind Sie motiviert, es zu tun? Oder gehören Sie zu denen, die ein Buch nach dem anderen verschlingen und nie etwas daraus umsetzen, davon gibt es genug. Wie richten Sie Ihr Leben ein? Was hat für Sie Priorität? Es gibt zwei Möglichkeiten, entweder man lernt freiwillig oder über Schmerz. Vor lauter versuchen, sich das Leben möglichst schön zu gestalten und jeder Schwierigkeit aus dem Weg zu gehen, gerät man erst recht hinein.

Der berühmte Mehrwert

Sicherlich haben Sie davon schon gehört. Es geht im Leben immer um den berühmten Mehrwert. Sie kaufen eine Dienstleistung ein und oft erhalten Sie weniger, als erwartet. So ist es heutzutage bei vielen Dienstleistungen. Kein schöner Moment für Kunden, denn die grundlegendsten Dinge gehören doch zumindest abgedeckt.

Sie finden in diesem Buch zusätzliche Bereiche
Anregungen, die weit über dem Bereich des eigentlichen Themas „Verlassen worden" hinausgehen. Das Leben ist dermaßen komplex, dass es nicht ausreicht, nur den einen Bereich anzuschauen. Ganzheitliches Arbeiten und Vorgehen, ist das Gebot der Stunde.

100% Leistung reichen nicht aus
Wie oft haben Sie eine Dienstleistung in Anspruch genommen und sich gedacht „Da brauche ich nicht mehr hinzugehen, die geben sich überhaupt keine Mühe!" Das ist in etlichen Geschäften, leider der berühmte Alltag. Ich erlebe es häufig, dass den Menschen, denen ich für irgendeine Leistung mein Geld geben möchte, es eher lästig ist. Sie sind unwillig und haben keine große Lust. Es nervt sie alles und viele lassen einem das spüren, ohne mit der Wimper zu zucken. Nun denn, ich lerne daraus relativ schnell. Da ich zum guten Glück, in einem Land mit großer Auswahl leben darf, suche ich mir etwas anderes.

10% Extraleistung gehört dazu
Das sollte eine Selbstverständlichkeit sein. Besonders höflich, nett, zuvorkommend und sehr bemüht, die Wünsche des Gegenübers, in diesem Fall des Kunden, abzudecken. Ohne sich dabei zu verausgaben. Einfach weil die Grundeinstellung stimmt und das ist das Maßgebende. Leider arbeiten fast 95% der Menschen in Be-

rufen, die Ihnen überhaupt keinen Spaß bereiten. Dadurch arbeiten sie mit einem massiven Widerstand. Sollten Sie sich auch dazu einreihen können, suchen Sie sich schnellstens ein neues Aufgabenfeld, welches zu Ihrer Berufung gehört. Es darf nie und nimmer zur Qual werden.

Plus Herzblut

Das Feuer der Begeisterung muss selbstverständlich in Ihnen sein. Sie müssen das Ganze förmlich leben und voll darin aufgehen. Wenn Sie Dinge ohne Herzblut machen, führen Sie leider ein „armes" Leben. Ändern Sie es, jetzt haben Sie die Chance. Die eine Partnerschaft ist zu Ende, Sie dürfen sich völlig neu orientieren und positionieren. Schrecklich auf der einen Seite, positiv auf der anderen. Wenn Sie schon dabei sind, können Sie sofort zum großen Rundumschlag ansetzen. Auf was wollen Sie warten?

Viel Spaß beim Lesen

Ich wünsche Ihnen viel Spaß und Freude beim Lesen. Lassen Sie sich inspirieren, genießen Sie es, arbeiten Sie intensiv mit. Auch wenn Sie das eine oder andere Mal mit einigen Dingen nicht einverstanden sein sollten, was ich Ihnen erzähle, lehnen Sie diese nicht sofort ab, es ist eine ganzheitliche Sicht der Dinge. Je nachdem, was Sie bisher erlebt haben und welche Glaubenssätze Sie Ihr eigen nennen, kann es Opposition in Ihnen hervorrufen. Ziehen Sie erst am Ende des Buches Bilanz. Nehmen Sie die Sachen auf, die Ihnen gut tun und alles andere streichen Sie.

Was ist passiert

Schlimm ist, wenn man unter Schock steht und die Situation noch nicht erfassen kann. Perplex steht man davor und kann überhaupt nichts mehr einordnen, je nachdem wie man es Ihnen mitgeteilt hat. Vielleicht hatten Sie bereits eine leise Vorahnung, oder es hat Sie getroffen, von jetzt auf nachher. In solchen Momenten ist es immens wichtig, auch wenn es einem schwerfällt, innezuhalten und die Lage zu überblicken.

Der erste Moment ist ein Schock

Für die meisten ist es ein Schock und unfassbar. Eine völlig neue Situation, mit der man nicht klar kommt. Nichts ist mehr, wie es vorher war. Oftmals ist man dabei gelähmt und unfähig, überhaupt etwas zu unternehmen. Ungläubig steht man davor, versteht die Welt nicht mehr.

Die nächste Stufe ist das Weinen

Die nächste Stufe ist das Weinen und man kann es nicht fassen, was da passiert ist. Sich unendlich enttäuscht zu fühlen, hintergangen und missbraucht in seinem Glauben, dass alles in Ordnung gewesen ist. Sie fangen an, zu verzweifeln und stürzen ins Bodenlose.

Danach folgt eine Adrenalin-Ausschüttung

Das berühmte Fluchthormon, nur wohin wollen Sie fliehen? Was sollen Sie tun? Manch einer wird sich oder dem Partner gegenüber gewalttätig. Viele Reaktionen sind möglich, es entlädt sich und wird häufig unkontrollierbar. Jetzt heißt es in erster Linie,, innehalten und souverän bleiben.

Was ist genau passiert

Auch wenn es Ihnen schwerfällt, schreiben Sie bitte auf, was passiert ist. Was hat sich zugetragen? Versuchen Sie sich genau zu erinnern. Dies hilft erstmals Bilanz zu ziehen, das ist wichtig, damit man nicht kopflos wird. Es gilt den berühmten Überblick zu behalten und sich in Souveränität zu üben. Dadurch gehen Sie als Gewinner aus der Sache heraus. Denken Sie bitte daran

„**Sie dürfen niemals als Verlierer herausgehen!**"

Das wäre eine herbe Niederlage für Sie. Schreiben Sie nachfolgend alles auf.

1.) _____

2.) _____

3.) _____

4.) _____

5.) _____

6.) _____

7.) _____

8.) _____

9.) _____

10.) _____

Wie fühlt es sich für Sie an? Auch wenn Sie im Moment glauben, außerstande zu sein, einen Überblick zu behalten. Tun Sie es, werden Sie Herr Ihrer Gedanken und Gefühle. Sie dürfen sich keinesfalls gehen lassen, das wäre töricht. Es gibt nur diese zwei Möglichkeiten, entweder Sie gehen gestählt aus dieser Situation heraus, oder Sie verbrennen in dem Feuer. Sie haben die Wahl. Wenn Sie noch nichts aufgeschrieben haben, gehen Sie zu Punkt eins und notieren alles. Tun Sie es unverzüglich, es geht hier klar um Ihr Leben und Ihre Zukunft. Auch wenn Ihnen im Moment überhaupt nicht nach irgendeiner Zukunft zumute ist.

Ihr Fazit: _____

Wie kam es dazu

Auch wenn es für Sie unerklärlich ist, gehen Sie dennoch an diese Aufgabe. Überprüfen Sie, wie es überhaupt soweit kommen konnte. Versuchen Sie es zumindest zu eruieren. Wir werden in den nächsten Kapiteln, tiefer in die Thematik einsteigen. Sehen Sie sich im Moment wie ein Arzt, der sich einen ersten Überblick verschaffen muss, um überhaupt zu wissen, woran der Patient leidet. Schreiben Sie alles auf, jeden einzelnen Punkt, bei dem Sie denken, warum es soweit gekommen ist.

1.) _____

2.) _____

3.) _____

4.) _____

5.) _____

6.) _____

7.) _____

8.) _____

9.) _____

10.) _____

Bitte beachten Sie unbedingt, es geht dabei nicht darum, in Selbstmitleid zu versinken, oder sich zu beschuldigen, den Fehler bei sich zu suchen. Es geht ausschließlich um eine Erfassung, der gegebenen Situation, um eine Bestandesaufnahme.

Ihr Fazit: _____

Schreiben Sie Ihren Schmerz auf

Sie empfinden Schmerz und was für einen Schmerz, außer Sie sind glücklich darüber, dass Ihr Partner eine/n andere/n hat. Aber da denke ich, hätten Sie dieses Buch wohl kaum gekauft. Sie haben eine Schmerzsituation, die Sie vielleicht noch nie kennengelernt haben. Es ist für Sie völliges Neuland, sich mit der Situation bekannt zu machen ist etwas, was uns zugleich auch Angst bereitet. Leider kann hier die Medizin nicht helfen, außer Sie werden eine Runde mit Tranquilizern heruntergeholt.

Schmerzbewältigung heißt, darüber zu sprechen

Mit wem wollen Sie darüber sprechen? Mit Ihren Eltern? Eher nicht, denn die Wahrscheinlichkeit, dass Sie ein paar „kluge Sprüche" hören, ist gegeben. Von wegen „Das haben wir dir doch gleich gesagt. Ich habe das kommen sehen. Du bist selbst schuld. Wer nicht hören will, muss fühlen!" Es kann natürlich auch anders sein, dies ist jedoch die rühmliche Ausnahme. Das ist somit nicht besonders lustig. Mit Ihren Freunden ist eine Möglichkeit, vielleicht aber nicht gerade der beste Weg. Das schauen wir uns später nochmals an.

Helfen Sie sich in der ersten Runde selbst

Kluge Ratschläge sind, wie es das Wort schon beinhaltet „Schläge" und davon hatten Sie doch schon genug. Also brauchen Sie dies bestimmt nicht erneut. So stehen lassen und tun, als wäre nichts, geht auch nicht. Egal, was Ihnen im Leben geschieht, gehen Sie bitte in die Schriftlichkeit. Es hilft, den Seelenschmerz und seine Unklarheit auf Papier zu bannen. Schreiben Sie nachfolgend Ihren kompletten Schmerz auf, bitte nicht lange Nachdenken, sondern gleich loslegen.

1.) _____

2.) _____

3.) _____

4.) _____

5.) _____

6.) _____

7.) _____

8.) _____

9.) _____

10.) _____

Wenn der Platz nicht ausreicht, notieren Sie zwischen den Zeilen oder seitlich am Buchrand. Schreiben Sie sich den Schmerz von der Seele, auch wenn es noch so schlimm ist. Gehen Sie durch diesen Schmerz durch. Sie dürfen die Situation nicht ausblenden, denn sie ist vorhanden, im Moment bittere Realität. Wie alles im Leben, hat jede Medaille zwei Seiten. Das wäre gerade die Negative, es gibt jedoch auch eine Positive. Das schauen wir uns in einem späteren Kapitel an.

Ihr Fazit: _____

Die ersten Stunden

Höchstwahrscheinlich lesen Sie dieses Buch, wenn schon etliche Stunden und Tage vergangen sind. Die Wahrscheinlichkeit, dass Sie es vorher gekauft haben, weil Sie eventuell eine Intuition hatten, ist eher gering. Schön, dass Sie sich jetzt intensiv damit befassen. Denn je schneller Sie sich mit der Situation auseinandersetzen, desto besser geht es Ihnen dadurch.

Es ist, wie es ist

In nackte Panik zu verfallen ist das Schlimmste, was Ihnen passieren kann. Genau das gilt es unbedingt zu vermeiden, es würde Ihnen unnötig schaden. Auch wenn Sie es im Moment nicht akzeptieren wollen, nehmen Sie es dennoch an. Sich gegen etwas zu wehren, was im Moment nicht geht, ist töricht. Es ist das Dümmste, was Sie überhaupt machen können. „Cool bleiben" ist die Devise, absolut cool und souverän.

Nehmen Sie ein Bad

Ich hoffe, Sie haben eine Wohnung oder ein Haus, wo eine Badewanne vorhanden ist. Leider war es eine Zeit lang große Mode, Häuser und Wohnungen ohne Badewanne zu bauen. Wenn Sie keine haben, duschen Sie ausgiebig. Auch wenn es sich für Sie komisch anhört. Steigen Sie in die Fluten oder unter den Duschstrahl. Die Wärme des Wassers tut Ihnen unendlich gut. Nehmen Sie einen schönen, wärmenden Zusatz, wie zum Beispiel „Scotta da cura" aus unserem Hause, Cleopatras Schönheitsbad. Unabhängig davon, ob Sie ein Mann oder eine Frau sind. Ein warmes Bad und die Welt sieht anders aus, es gibt Ihnen die nötige Wärme. Sie fühlen sich geborgen, wie damals im Mutterleib.

Ölen Sie Ihren Körper von Kopf bis Fuß ein
Bitte vernachlässigen Sie Ihren Körper durch die Geschichte nicht, das wäre sträflich. Ihre Seele leidet und Streicheleinheiten über die Haut, sind wie Balsam für die wunde Seele, nicht nur darüber hinweggehen. Ölen Sie sich mit einem erwärmten Öl wie „Öli da fatscha" ein. Dieses zarte Öl wärmt zusätzlich und gibt ein Gefühl von Geborgenheit.

Hüllen Sie sich in ein Leintuch und legen sich ins Bett
Dort sind zwei Wärmflaschen deponiert. Hören Sie Ihre Lieblingsmusik und kuscheln sich ins Bett. Entspannen, genießen die Wärme, lauschen der beruhigenden Musik und wenn Ihre Gedanken zu dem Drama abschweifen sollten, holen Sie diese zurück. Wenn Ihnen die Tränchen herunterlaufen, ist das völlig in Ordnung.

Irgendwann werden Sie einschlafen
Vielleicht sofort vor Erschöpfung oder erst nach Stunden. Auf alle Fälle tut Ihnen die Ruhe und Wärme gut. Entspannung ist das Gebot der Stunde, denn Verkrampfung bewirkt genau das Gegenteil. Aus der Ruhe heraus gewinnen Sie neue Kraft, für Ihr neues und zukünftiges Leben.

Nachts, wenn Sie aufwachen, wird Ihnen das Drama bewusst
Ich kenne es aus eigener Erfahrung. Man wacht auf, denkt es war alles nur ein schlechter Traum. Schaut zur anderen Seite und sieht das leere Bett. Jetzt weiß man, dass dies kein Traum ist, sondern in dem Moment bittere Realität, grausam aber wahr. Tränen fließen erneut, die Verzweiflung taucht auf und die Angst vor der Zukunft, wie man alles alleine bewältigen soll. Ein Gefühl der Ohnmacht beschleicht einem. Denken Sie an einen Wunsch, den Sie sich erfüllen möchten. Da gibt es bestimmt etwas, von dem Sie seit langer Zeit träumen. Notieren Sie nachfolgend Ihre Wünsche.

1.) _____

2.) _____

3.) _____

4.) _____

5.) _____

6.) _____

7.) _____

8.) _____

9.) _____

10.) _____

Vielleicht denken Sie nun, wie absurd das Ganze ist, ich leide und wie. Dann kommt der Autor und sagt, ich soll mir schöne Dinge aufschreiben. Ich habe an nichts mehr Freude, für mich ist das Leben gelaufen. Genau dahin dürfen Sie nicht kommen. Nie und nimmer in Selbstmitleid versinken. Denn wer sich aufgibt, hat verloren. „Weitermachen" ist die Devise des Lebens. Wenn Sie Ihre Wünsche nicht aufgeschrieben haben, tun Sie es nun.

Ihr Fazit: _____

Was ist Ihr größter Wunsch, wenn das Dilemma nicht wäre
So können wir uns wunderbar helfen. Wenn alles in Ordnung wäre, was ist dann Ihr größter Wunsch? Was hätten Sie gerne? Ich gehe davon aus, dass Sie zehn Punkte festgehalten haben. Nun suchen Sie den für Sie dringlichsten Punkt und notieren ihn.

Wenn Sie in sich hineinfühlen, was ist es für ein Gefühl? Schlägt Ihr Herz höher? Geht es Ihnen gut? Sind Sie glücklich und zufrieden oder fehlt Ihnen etwas? Wenn ja, war es nicht Ihr brennendster und größter Wunsch, dass Ihnen natürlich Ihr Partner fehlt, ist keine Frage.

Werde Herr deiner Gedanken

Das ist eine klare Ansage. Das Schlimmste, was Sie persönlich machen können, ist sich gehen zu lassen. Herumzuhängen und zu jammern, wie schlimm und schrecklich alles ist. Nein, genau das tun Sie nicht. Oder möchten Sie sich zu allem Elend noch eine Blöße geben? Bitte nein! Genauso wenig, wie Sie sich wimmernd, jammernd oder voller Zorn vor dem/der Ex präsentieren sollten. Zeigen Sie wahre Größe, auch wenn es im Moment in Ihnen total anders ausschauen mag. Denken Sie sofort, wenn Sie spüren, dass Sie gedanklich abschweifen, an Ihren Traum. Es hilft Ihnen, von den trüben Gedanken wegzukommen.

Sie müssen es aber tun

Es nützt natürlich nichts, wenn Sie halbschwanger, mit den Worten an die Sache herangehen

„Ja, ich werde es versuchen!"

Versuchen können Sie ein Glas Wein oder sonst etwas, aber nicht solche primären Dinge. Da sind Entscheidungen gefordert, packen Sie es an. Sie sind ein Gewinner, vergessen Sie das nie.

Jetzt beginnt die Schuldfrage

Sie sind in einem totalen Gefühlsstrudel. Einmal „Himmelhoch jauchzend und dann zu Tode betrübt." Denken Sie permanent an Ihre Vision, den großen Wunsch. Lassen Sie sich nicht beirren. Fragen tauchen auf, wieso gerade ich, usw. Es dreht sich alles im Kreis. Eine Situation, mit der Sie das erste Mal konfrontiert werden, ist stets gewöhnungsbedürftig. Sollten Sie das schon häufiger erlebt haben, kennen Sie es ja bereits.

Wieso gerade ich

Die Frage aller Fragen, wieso gerade ich? Je intensiver Sie darüber nachdenken, desto schlechter geht es Ihnen. Gegenfrage, wieso nicht? Vielleicht finden Sie das provokativ, das macht nichts. So ist das Leben, ein Kommen und Gehen. Die Zeiten unserer Eltern oder noch besser Großeltern, die wohl oder übel bis zum bitteren Ende zusammengeblieben sind, gibt es kaum noch. Heute wird nicht mehr solch ein Durchhaltevermögen, an den Tag gelegt.

Was habe ich getan

Das ist die nächste Frage. Was habe ich alles getan? Die Antwort darauf „Ich habe doch alles getan!" Bei solch einer Aussage bin ich sehr skeptisch. Alles, was ist das? Als Beispiel nehmen wir hier zwei Episoden aus dem Leben. Einmal einen Mann und dann eine Frau. Sehr repräsentativ, für ähnliche Ausgangssituationen.

Der Mann

„Ich habe für meine Familie alles getan!" Auf die Frage, was er alles getan hat „Ich gehe seit Jahrzehnten arbeiten, bringe das Geld nach Hause, damit wir gut leben können." „Was noch?" „Wir fahren im Winter und im Sommer in Urlaub!" „Was noch?" „Reicht das nicht?"

Fazit: Was halten Sie davon? Ist das ausreichend, um ein gutes Eheleben zu führen? Dass der Mann arbeiten geht, das Geld nach Hause bringt? Im Sommer und Winter mit der Familie in Urlaub fährt, ist im Grunde genommen, reiner Standard. Das reicht aber bei Weitem nicht aus. Er ist dermaßen geschockt, dass seine Frau mit einem anderen durchgebrannt ist. Mit der Botschaft an ihn „Weißt du, ich möchte jetzt endlich leben!" Harte Worte, nur er versteht diese leider nicht.

Die Frau
„Ich kann es nicht begreifen, dass mein Mann mit einer anderen durchgebrannt ist! Ich habe alles für ihn getan!" „Was haben Sie denn für ihn getan?" Gekocht, geputzt, gewaschen, gebügelt und die Kinder großgezogen!" „Was noch?" „Ja, reicht das nicht?" Wohl kaum, denn sonst wäre er noch da.

Fazit: Ähnlich wie bei dem Mann. Es gibt weitaus mehr Parameter zu beachten. Denn eine Partnerschaft ist unwahrscheinlich vielseitig und nicht eine Standardnummer. Das begreifen leider die meisten Menschen nicht und sind überrascht, wenn die Dinge sich total wandeln.

Wieso tut er/sie mir das an
Wieso und nochmals wieso? Die Situation ist vorhanden und es gibt keinen Sinn, das Ganze zu verteufeln und einen Schuldigen zu suchen. Das Ende einer Beziehung ist buchstäblich das Endresultat, der vorausgegangen Taten. Genau hier müssen Sie aufpassen, dass Sie nicht anfangen mit Ihren Freunden eine Hassstrategie zu fahren, das tut Ihnen nicht gut.

Wer anderen die Schuld gibt, gibt Ihnen die Macht

Jetzt müssen Sie besonders aufpassen. Vielleicht rutschen Sie ab und suchen die Schuld ausschließlich bei anderen Menschen. Das ist nicht klug, denn es braucht immer zwei Personen. Sicherlich sehen Sie das im Moment anders, das ist nicht weiter schlimm. Nur, diese Eigenschaft sollten Sie sich auf keinen Fall einprägen, sie ist nicht gesund.

Menschen geben gerne anderen die Schuld
Das ist eine schlechte und miserable Tugend, die rasend überhand nimmt. Hüten Sie sich davor, sich diese zu eigen zu machen. Es ist fatal und die wenigsten sind sich bewusst, was daraus entsteht. Die gesamten Medien sind darauf aufgebaut, einen Schuldigen zu suchen und ihn an den Pranger zu stellen. Das ist leider nicht die feine, englische Art.

Hüten Sie sich davor
Hüten Sie sich unbedingt davor, denn es ist für Sie persönlich und Ihre weitere Entwicklung nicht gut. Sie möchten doch ein selbstbestimmtes Leben führen und nicht von anderen abhängig sein. Solange Sie andere aber dermaßen involvieren, wird sich nichts tun und es gibt diesbezüglich keine Veränderung, das ist traurig.

Tragen Sie die Verantwortung
Tragen Sie ab sofort die Verantwortung für alles, was Sie getan haben. Je früher und schneller Sie dazu stehen, desto freier werden Sie. Genau um das geht es schlussendlich. Viele Menschen wünschen sich Freiheit und Unabhängigkeit. Sie sorgen jedoch mit ihrem Handeln, genau für das Gegenteil und sind meist erstaunt, dass sich nichts ändert, sondern es noch schlimmer wird.

Leben Sie Ihr Leben

Tun Sie das jeden Tag aufs Neue, ohne „Wenn und Aber!" Ihr Partner hat Sie verlassen, aus welchen Gründen auch immer. Nun in Mitleid zu versinken oder die Schuld zu suchen, das sollten Sie unbedingt vermeiden, denn es schwächt Sie. Dem anderen die Schuld zu geben, ist äußerst fatal. Das sehen wir an den unzähligen Scheidungsschlachten. Mein Gott, welch kostbare Lebensenergie wird dadurch zerstört. Darüber mehr im Kapitel „Hauen und Stechen!"

Sie werden freier

Sie müssen aber erst eine Entscheidung treffen, denn ohne diese gefällt zu haben, wird sich weniger als nichts in Ihrem Leben ändern. Schlimm, nein letztlich nur tragisch, denn Ihr Leben ist das kostbarste, was Sie besitzen. Sorgen Sie dafür, dass Sie aus diesem Dilemma herauskommen.

Unendliche Wut und Hass

Das ist die Steigerung davon. Nicht nur einen Schuldigen suchen, sondern noch selbst Hass schüren. Wenn Sie wüssten, wie Sie sich mit diesem Verhalten schaden, unglaublich. Wie weit es Hass auf dieser Erde bringt, sehen wir in Kriegsgebieten. Dass der blanke Hass ins eigene Elend führt, darüber sind sich die wenigsten bewusst. Genau aus diesem Grund sollten Sie sich vor Wut und Hass in acht nehmen. Machen Sie um die beiden Kraken einen Bogen.

Unendliche Wut kommt hoch
Sie haben immense Wut im Bauch, wieso gerade Ihr Partner so etwas macht. Sie können es nicht verstehen. Wie konnte es überhaupt soweit kommen? Je länger Sie sich das fragen, desto mehr steigt neben der Trauer, die blanke Wut hoch. Je öfters Sie daran denken, desto mehr Nährboden geben Sie Ihrer Wut. Diese steigert sich langsam aber sicher, ins Unermessliche. Aus der Wut entsteht langsam der Hass, ab diesem Moment wird es gefährlich.

Hass ist gefährlich
Ein wenig Wut im Bauch setzt positive Endorphine frei und gibt sogar Energie. Wenn das Ganze jedoch anfängt zu kippen, ist es problematisch. Was Hass alles verursacht, das sehen wir jeden Abend bei den Nachrichten. Was bringt das Ganze? Es gibt nur Verlierer auf der ganzen Linie. Und hat sich das dann gelohnt? Bestimmt nicht, nie und nimmer. Wie kann man nur solche Gelüste ausleben und sich dabei selbst schaden?

Sie schaden sich selbst
Daran denken die wenigsten. Angst macht eng und der Fokus verkleinert sich dadurch, Sie haben keinen Überblick. Ein Tunnelblick baut sich auf und Sie sehen weder nach rechts, noch nach links.

Sehen nur Ihren Feind vor Augen und den wollen Sie in irgendeiner Form vernichten. Bitte nicht gleich verneinen oder abwiegeln, überprüfen Sie die Situation, wie es bei Ihnen ausschaut.

Wut und Hass frisst Hirn

Das ist das Schlimmste daran, Sie können nicht mehr denken. Wer von Hass und Wut gesteuert ist, verliert jegliche Contenance und schießt übers Ziel hinaus. Was das zu bedeuten hat, ist Alltag in unserem Leben. Sie lassen sich zu unüberlegten Handlungen hinreißen und der Schuss geht nach hinten los. Auch wenn Sie dem anderen in der ersten Runde einen Schaden zufügen können, es ihm heimzuzahlen, was haben Sie davon? Sie werden auch dadurch in Mitleidenschaft gezogen. „Das ist mir völlig egal, die Hauptsache ist, der andere bekommt eine aufs Dach!"

Rosenkrieg, die schlimmste Form

Das Endresultat aus dem ganzen Dilemma ist Rosenkrieg. Ein Hauen und Stechen, ohne Ende. Das ist übel und fesselt Ihre kostbare Lebensenergie auf das Dümmste. Anstatt sich im kreativen Bereich vorwärts zu bewegen und Sorge zu tragen, dass Sie Ihrem Lebensziel näher kommen. Vergeuden Sie das Wertvollste was Sie besitzen, Ihre Lebenszeit, mit Dingen, die bereits gelaufen sind.

Wenn Sie soweit sind, viel Spaß
Wenn das Ganze anfängt, aus dem Ruder zu laufen, wird es richtig ungemütlich. Irgendwann nimmt die Geschichte eine Eigendynamik an, die nicht kontrollierbar ist. Dann übernehmen andere das Zepter für Sie, spätestens, wenn es vor Gericht geht. Solche Schlachten sind alles andere als erbauend. Sie vernichten auf das Brutalste, kosten unnötig Energie.

Hüten Sie sich vor hetzenden Freunden
Diese Botschaft möchte ich in erster Linie den Frauen mitgeben. Da wird gehetzt, gelästert, dass man es diesen „Scheiß-Männern" zeigt. Man schließt einen Pakt, um gegen die Männer zu kämpfen. Das ist alles nett und scheint erfolgsversprechend zu sein. Bedenken Sie aber, in letzter Konsequenz werden Sie alleine sein. Ihnen obliegt es, die Zeche zu begleichen, viel Spaß dabei. Ihre Mädels haben sich mittlerweile aus dem Staub gemacht, ein neues Opfer gesucht. Frieden ist angesagt und bestimmt nicht Krieg.

Was bringt Krieg
Was haben Sie davon? Ist es für Sie eine Befriedigung? Fühlen Sie sich wohl dabei? Wieso nicht? Ich kenne Leute, die beschäftigen sich mit solchen Angelegenheiten sogar Jahrzehnte. Man braucht ihnen nur ins Gesicht zu schauen und erschrickt, wie viel Hass

und Wut sich da eingeprägt hat. Wie kann man sich so schädigen? Das verstehe ich nicht, denn mit einem hohen Intelligenzquotienten, hat dies aus meiner Sicht überhaupt nichts zu tun.

Lösen Sie die Dinge in Harmonie
Ich bin dafür, die Dinge in Frieden und Harmonie zu lösen. Niemals das Kriegsbeil auszugraben und zu schwingen. Glauben Sie nur nicht, der andere schaut sich das ruhig und gelassen an. Wenn Sie Ihren Partner angreifen, wird er sich zwangsläufig wehren. Dann haben Sie wiederum ein Problem. Ich finde diese hausgemachten Probleme fatal, die noch unnötig hoch gepuscht, durch unsere Art und Weise entstehen. Bleiben Sie souverän und cool, damit nehmen Sie Ihrem Gegenüber den Wind aus den Segeln.

Vorsicht, wenn der Anwalt sagt „Kein Problem"
Heutzutage ist es üblich, dass man sofort zum Anwalt rennt. Es gibt immer mehr Rechtsanwälte und alle warten auf Arbeit. Wie oft habe ich in meinem Leben schon gehört „Ach Herr Crameri, machen sie sich keine Sorgen, das gewinnen wir locker!" Super und der naive Ernst hat es geglaubt. Als es eben nicht so war „Tja, damit konnte wirklich keiner rechnen. Macht nichts, lassen Sie uns in die nächste Instanz gehen. Sie müssen für ihr Recht kämpfen, können nicht klein beigeben!" Ja natürlich, denn das war wie Wasser auf die Mühle. Diese Schmach wollte ich auf gar keinen Fall auf mir sitzen lassen. Das Ende der Geschichte können Sie sich ausmalen, alle Instanzen verloren.

Sie bezahlen die Zeche
Ich habe die Zeche bezahlt, nicht der Herr Anwalt. Von einem Beratungsfehler wollte er nichts wissen und meinte „Er hätte alles korrekt gemacht." Schön, ich war um einiges Geld ärmer. Habe Zeit und Nervenkraft verloren, durch dieses „Hin und Her." Die Schreiben, die wiederum mit Gegenschreiben beantwortet wurden. Dann die ganzen Fakten, die von mir zusammengesucht wer-

den mussten. Es war oft ein Horror, bei Gericht die Gegenseite zu sehen. Von deren Anwalt auseinander genommen zu werden und die Richter, die häufig seltsame Fragen stellten. Passen Sie da gut auf sich auf. Bevor Sie zu solch einem Kampf „Ja" sagen, überprüfen Sie lieber nochmals, ob es nicht eine friedliche Variante gibt, das spart immens viel Geld, Zeit und Lebenssubstanz.

Lassen Sie sich von niemandem aufhetzen

Hetze ist der Fluch, der noch tiefer ins Verderben führt. Wenn Sie sich nicht dagegen wehren können, schließen Sie mit den Hetzern einen Pakt. Diese übernehmen für Sie die gesamten Kosten, wenn es schief geht. Da sollten Sie einmal sehen, wie schnell alle spurlos verschwunden sind. Unterschätzen Sie nicht das Hämische und Schadenfrohe, auch von Ihnen nahe stehenden Menschen. Die dunklen Tiefen sind vorhanden. Haben Sie nicht auch schon im Geheimen gesagt oder gedacht „Das geschieht ihm oder ihr völlig recht!" Wenn Sie „Nein" sagen, entspricht das nicht der Wahrheit.

Verpfuschen Sie nicht kostbare Lebensqualität

Denken Sie daran, der Ausgang, ob Sie gewinnen oder verlieren, vor allem vor Gericht, ist ungewiss. Es ist wie auf hoher, stürmischer See. Möchten Sie sich diesem Risiko aussetzen? Als normal denkender Mensch hundertprozentig nicht. Als Hasserfüllter ist Ihnen das selbstverständlich egal. Sie ziehen mit dem Schlachtruf in den Krieg „Koste es, was es wolle!" Es sollen nicht die Emotionen sein, die Sie steuern, sondern die Souveränität.

Rache ist nicht süß, sondern bitter

Das sagt der Volksmund leicht und locker. Das Gegenteil ist jedoch der Fall. Auch wenn viele das nicht glauben oder sagen „Ich habe auch schon gewonnen!" Natürlich, nur die Nervenkraft und die Zeit, die dabei verloren gegangen ist, steht in keiner Relation. Es vergeht eine lange Zeit, bis Sie diese Angelegenheit nicht mehr beschäftigt, Sie Ihren inneren Seelenfrieden finden.

Bleiben Sie cool

Trotz dem Elend, bleiben Sie bitte cool. Wenn Sie Ihre Coolness verlieren, sind Sie insgesamt verloren. Es wird nur derjenige gewinnen, welcher über den Dingen steht. „Manchmal ist es nicht leicht!" Das ist klar, manchmal ist es sogar unendlich schwer. Aber wenn Sie sich dem Drama hingeben, ist es zu spät. Je cooler Sie bleiben, desto mehr irritieren Sie Ihren Gegenüber. Sie sollten erhobenen Hauptes und nicht gebückt oder sogar am Boden entlang kriechen, keinesfalls wutentbrannt mit Schaum vor dem Mund. Solche Leute haben Sie sicherlich schon gesehen. Wie schaut das aus?

Irritieren Sie Ihren Gegenüber
Fahren Sie Ihre Strategie. Gut, der andere ist gegangen, hat Sie womöglich betrogen oder wie man das sonst nennen möchte. Das sind die Fakten, das Spiel wurde gespielt und jetzt beendet. Also versuchen Sie bitte nicht, es neu aufleben zu lassen. Ein Spiel, welches vorbei ist, ist vorbei. Nun spielen Sie ein neues Spiel. Lassen Sie sich nichts anmerken, was die Geschichte verursacht hat, sonst zeigen Sie Schwäche. Nicht Sie brauchen sich schlecht zu fühlen, sondern der andere und wenn nicht, ist es auch in Ordnung. Wichtig ist, dass es Ihnen wieder gut geht und Sie das Lebenszepter in Ihren eigenen Händen halten.

Verblüffen Sie Ihren Gegenüber
Wenn Sie ihm am liebsten eine Hineinhauen möchten, lassen Sie es. Tun Sie es weder verbal, noch körperlich. Zeigen Sie wahre Größe, diese hat schon immer verblüfft. Es gibt wirklich nichts Schöneres, als souveräne Menschen. Ihre Emotionen können Sie im stillen Kämmerlein ausleben, wo es keiner mitbekommt. Je intensiver Sie an sich arbeiten, desto weniger brauchen Sie das. Denken Sie bitte daran, werde Herr deiner Gedanken.

Arbeiten Sie an sich

Leider ist uns solch ein Verhalten selten in die Wiege gelegt worden. Vielmehr durften wir die andere Seite von Hass und Rache erleben. Schauen Sie nur einmal diese vielen Kriege auf der Erde, die genau darauf basieren. Wie schrecklich, was da Tag für Tag geschieht, wo blanker Hass regiert. Schauen Sie sich die schrecklichen Bilder im Fernsehen an. Möchten Sie sich hier anschließen? Ich war früher auch ein Hitzeblitz, kämpfen bis zum letzten Tropfen Blut. Ich hatte permanent zu viel Adrenalin im Blut, das ist mir nicht gut bekommen.

Ziehen Sie nie mehr das Schwert

Ein sogenannter roter Ritter zu sein, ist nicht klug. Irgendwann wird auch ein roter und starker Ritter seinen Lehrmeister finden. Dazwischen gibt es ein Leben mit Leid und träumen vom Sieg. Je öfter Sie ein Schwert ziehen, desto mehr Feinde haben Sie auf der Erde, das ist nicht lustig. In Frieden und Harmonie durchs Leben zu schreiten, hat nichts mit Schwäche zu tun, wie manch einer versucht, uns beizubringen. Im Gegenteil, es ist Stärke pur.

Keine Lebensfreude

Wenn die Lebensfreude anfängt zu schwinden, ist es wie, wenn man eine Kerze ausbläst und es dunkel wird. Genau aus dieser Dunkelheit müssen Sie heraustreten. Denn das tut Ihnen nicht gut, im Gegenteil, es belastet Sie unnötig. Denken Sie daran, es gibt Dinge, die können Sie ändern und andere liegen leider außerhalb Ihres Macht- und Einflussbereiches. Genau das ist die Kunst damit klarzukommen und zu wissen, wann Zeit ist, sich zurückzuziehen oder zu kämpfen.

Wenn Ihr Leben aus der Gemeinsamkeit bestand

Wenn Sie mit Ihrem Partner etliches geplant, einige Dinge zusammen unternommen haben und dieser Bereich plötzlich fehlt, ist das nicht lustig. Sie dürfen sich neu positionieren und das ist meistens schwer. Wenn nichts mehr ist wie vorher, gilt es Bilanz zu ziehen. Schreiben Sie alles auf, was Sie gemeinsam unternommen haben. Auch wenn es im Moment wehtut. Tauchen Sie da ein, denn es geht um die Eliminierung dieses Schmerzes. Davor zu flüchten, bringt nichts, er wird nur viel größer und mächtiger. Sie dürfen nichts Mächtiges in Ihrem Leben akzeptieren. Schreiben Sie Ihre Gemeinsamkeiten auf.

1.) _____

2.) _____

3.) _____

4.) _____

5.) _____

6.) _____

7.) _____

8.) _____

9.) _____

10.) _____

Ich hoffe, Sie haben es getan. Leider tendieren wir Menschen zur Nummer „Verschieberitis." Wenn Sie darunter leiden und endlich Abhilfe schaffen wollen, lesen Sie dazu mein Buch „Hast du auch diese schlimme Krankheit Verschieberitis!" Sie dürfen das nie wieder zulassen. Füllen Sie es bitte aus, es dient dem Ganzen und um Ihnen ein gutes Gefühl zu geben. Hat es sehr geschmerzt? Das ist ein wichtiger Aspekt, sich selbst gegenüber ehrlich zu sein und sich nichts vorzumachen.

Ihr Fazit: _____

Was ist schlimm daran

Sie haben nun alle Punkte aufgeschrieben. Was ist so schlimm daran? Wir müssen leider noch mehr in die Tiefe. Eine altbekannte Weisheit sagt „Nur, wenn man es versteht und begreifen kann, hat man die Chance, es zu ändern." Überlegen Sie genau, was das Schlimmste daran ist. Bitte nicht hingehen und lapidar sagen „Ja, was denn, dass mein Partner mich verlassen hat!" Das wissen wir und brauchen dies nicht zu vertiefen. Wir möchten genau wissen, was bei jedem einzelnen Punkt das Schlimme daran ist, halten Sie es fest. Auch wenn Sie im Moment keine Lust verspüren und lieber weiterlesen möchten. Sie kommen immer tiefer in die Materie hinein und dann erneut zurückzukehren, wird schwierig.

1.) _____

2.) _____

3.) _____

4.) _____

5.) _____

6.) _____

7.) _____

8.) _____

9.) _____

10.) _____

Ist Ihnen etwas aufgefallen? Wenn man anfängt, sich intensiv mit der Situation zu beschäftigen, verliert sie an Schrecken. Vielleicht ist es für Sie noch nicht spürbar. Sie werden es jedoch im Laufe der Zeit erkennen.

Ihr Fazit: _____

Was könnten Sie ändern, wenn Sie wollten

Ihr Partner hat Sie verlassen, Sie haben viel Gemeinsames unternommen und nun das Schreckliche daran aufgeschrieben. Jetzt gehen wir einen Schritt weiter. Notieren Sie zu jedem Punkt, wie Sie das ändern können, ohne die oder den Ex. Bitte nicht sofort anfangen, sich zu blockieren, von wegen „Das geht nicht, das kann ich nicht, ging nur mit dem Ex." Das sind vorgefasste Meinungen und diese schenken wir uns. Sie behindern uns auf das Stärkste. Schreiben Sie zu jedem Punkt die Lösung auf.

1.) _____

2.) _____

3.) _____

4.) _____

5.) _____

6.) _____

7.) _____

8.) _____

9.) _____

10.) _____

Sie erinnern sich an die Devise, von Gewinnern „Vom Problem in die Lösung!" Ihr Partner ist weg, egal aus welchen Gründen, Sie sind aber da. Folglich machen Sie eine große Meisterleistung, ohne Wenn und Aber. Jeder Tag, an dem Sie warten, ist ein verlorener und dazu haben Sie keine Lust, Zeit und Muße mehr.

Ihr Fazit: _____

Was bereitet Ihnen Freude

Jetzt, wo sich die Dinge geändert haben, gelten neue Spielregeln. Sie müssen mit sich alleine klarkommen, der Partner ist weg. Auf der einen Seite furchtbar und auf der anderen? Kommt darauf an, wie man es sieht. Betrachtet man es aus der ganzheitlichen Sicht, ist das Gegenstück von Schatten, in dem Sie sich gerade befinden, Sonne. Ohne Sonne würde es keinen Schatten geben. Vielleicht nicht zu verstehen, wenn man noch mitten im Schmerz steckt, das ist nicht tragisch. Sie haben dieses Buch sicherlich gekauft, um damit besser klarzukommen.

Plötzlich alleine zu sein

Plötzlich oder vielleicht weniger plötzlich, die Situation ist nun einmal da. Ihr Partner ist weg und Sie auf der einen Seite einsam und auf der anderen, in völliger Freiheit. Wahnsinn oder? Hier höre ich häufig „Ich wäre lieber nicht frei, wenn bloß mein Partner da wäre!" Das mag schon sein, nein, ganz bestimmt ist es so, wenn Sie Ihren Partner noch lieben. Aber jetzt darin zu baden und womöglich unterzugehen, kann nicht sein. Hier heißt es, klar der neuen Gegebenheit ins Auge zu schauen.

Der erste Schritt ist, zu akzeptieren

Je mehr Widerstand Sie leisten, desto schwieriger und schmerzhafter wird es. Nehmen Sie es an, auch wenn Sie wie die meisten der Meinung sind, das nicht tun zu wollen. Wissen Sie letztlich, geht alles, es ist nur eine Frage der inneren Einstellung. Wie stehen Sie dazu? Wenn Sie sich dagegen wehren, wird sich dennoch nichts an der Situation ändern. Also nehmen Sie die Situation an, egal wie schmerzhaft und grausam diese für Sie ist.

Es ist, wie es ist
Das ist leider die Ausgangsbasis. Was können Sie ausrichten, wenn Ihr Gegenüber anderer Meinung ist und sich in einem völlig neuen Feld bewegt? Da haben Sie überhaupt keine Chance. Die einzige Möglichkeit, die Ihnen bleibt, ist für sich zu sorgen, dass Sie mit sich klarkommen. Gehen Sie in die Unabhängigkeit von irgendwelchen Menschen, dies ist Ihre große Chance.

Sie dürfen Ihr Leben neu planen
Auf der einen Seite sehr beängstigend, vor allem dann, wenn man schon Jahre mit dem Partner liiert war. Da kam ein großer Bereich der Gewohnheit dazu. Es lief einfach, mal besser und mal schlechter. Sie hatten eine gewisse Form von Sicherheit, die ist nicht mehr vorhanden. Jetzt gibt es diesbezüglich keinen Halt, Sie haben nur noch sich. Vielleicht noch die Eltern, wobei ich diese nicht mit involvieren würde. Wieso den älteren Herrschaften Stress bereiten. Denn Ihre Eltern und hier meistens die Mutter, waren damals bestimmt nicht von ihrer Wahl begeistert. Sich auf Freunden auszuruhen, ist auch eine Möglichkeit. Solange Sie dies tun, kommt keine Bewegung hinein. Wenn alles so bleibt, wie es ist, werden Sie weiter leiden. Die alte Suppe wird fortlaufend aufgewärmt, das benötigen Sie hundertprozentig nicht.

Schauen Sie sich im Spiegel lächelnd an
Packen wir es an, auch wenn Sie lieber den Kopf in den Sand stecken möchten. Da würden aber nur Ihre Zähne vor lauter Sand knirschen, also schenken wir es uns. Diese Nummer fahren wir bestimmt nicht. Heben Sie den Kopf und atmen Sie tief durch. Danach schauen Sie sich im Spiegel an und sagen laut „So mein lieber Partner, jetzt erst recht!" Heben Sie den Daumen hoch und lächeln, das hilft ungemein. Das sollten Sie immer tun, wenn Sie an einem Spiegel vorbeikommen. Im Moment scheint es Ihnen sicherlich lächerlich. Aber Sie schauen sich doch sonst auch im Spiegel an. Oder wollen Sie lieber hineinschauen und sehen, wie

schlecht Sie ausschauen und sich dann womöglich bedauern? Bitte nein, denn das würde Sie noch tiefer hinunterziehen. Also, auf geht es!!!!!!

Was bereitet Ihnen Freude

Es gibt sicherlich Dinge in Ihrem Leben, die Ihnen viel Spaß und Freude bereiten. Die Frage ist jedoch, was sind das für Dinge, die Sie aufbauen und inspirieren? Was tut Ihnen gut? Wo blüht Ihre Seele auf? Wo lacht Ihr Herz? Wo kommen Sie in den Wohlfühlbereich hinein? Halten Sie bitte alle Positionen fest.

1.) _____

2.) _____

3.) _____

4.) _____

5.) _____

6.) _____

7.) _____

8.) _____

9.) _____

10.) _____

Füllen Sie bitte alle zehn Punkte gewissenhaft aus, auch wenn Sie im Moment glauben, diese nicht zusammen zu bekommen. Schreiten Sie zur Tat. Wie fühlt es sich für Sie an? Lacht Ihr Herz? Oder sind Sie eher völlig neutral? Wenn ja, gehen Sie nochmals darüber.

Ihr Fazit: _____

Wieso macht Ihnen das Freude

Wir möchten wissen, wieso es so ist. Niemals etwas dem Zufall überlassen. Wie es das Wort ausdrückt, der Zufall ist genau das, was Ihnen zufällt, das ist keine schöne Ausgangsbasis. Planen Sie, damit Sie das erhalten, was Sie wollen. Aber doch bitte nicht auf dem Zufallsprinzip. Schreiben Sie zu jedem einzelnen Punkt auf, wieso das Ihnen Freude bereitet.

1.) _____

2.) _____

3.) _____

4.) _____

5.) _____

6.) _____

7.) _____

8.) _____

9.) _____

10.) _____

Begründen Sie die Dinge, die Sie tun, und untermauern Sie diese. Ein dringlicher Aspekt, um eine Tiefe und ein Fundament aufzubauen. Otto Normalbürger antwortet auf diese Frage häufig „Es ist halt, wie es ist!" Das ist wie im Kindergarten und nicht das Verhalten von erwachsenen, zivilisierten Menschen. Diese Nummer dürfen Sie nie fahren. Es ist bestimmt nicht, wie es ist, sondern hat einen tieferen Hintergrund. Alles hat eine Ursache und genau darauf aufbauend eine Wirkung.

Ihr Fazit: _____

Woran hat Sie Ihr Partner gehindert

Im vorherigen Kapitel haben Sie alles aufgeschrieben, was Ihnen viel Lebensfreude bereitet. Nun gehen wir einen Schritt weiter. Wie viel haben Sie davon gelebt? Mal ehrlich, haben Sie sich überhaupt selbst gelebt? „Ja natürlich, sonst wäre ich doch nicht mehr am Leben!" Sie können am Leben sein und dennoch nicht ganz da, auf dieser Erde. Unendlich viele Menschen vergessen sich zu leben. Viele führen kein selbstbestimmtes Leben. Näheres darüber in dem nächsten Kapitel, mit den Glaubenssätzen.

Die meisten Partner/innen sind begnadete Manipulatoren

Das Problem hierbei ist, die meisten bemerken das nicht einmal. Das ist fatal, denn vor lauter Verliebtheit, wird dies nicht wahrgenommen. Man geht am Anfang einer Beziehung dazu über, sich ausschließlich von seiner sanften Seite zu zeigen. Hat man noch einen Partner, der ein wenig stärker ist, passt man sich relativ schnell an und verliert sich dadurch selbst. Das ist für mich eine tragische Situation, denn Ihr kostbares Leben nimmt dadurch eine Wende, die Ihnen nicht gut tut.

Alles dem lieben Frieden zuliebe

Kennen Sie das? Wie oft haben Sie etwas getan, damit es nicht zu Streitereien kommt? Sie haben geschluckt, sich angepasst, weil sie vielleicht ein sogenannter Harmonie-Junkie sind. Und was hat es Ihnen gebracht? Haben Sie dadurch Frieden und Freiheit gefunden, hundertprozentig nicht. Es ist fatal, wenn man hingeht und sich selbst verkauft.

Die eigene Seele zu verkaufen, ist nicht gut
Es ist das Schlimmste, was Sie machen können. Die eigene Seele zu verkaufen, rächt sich zu einem späteren Zeitpunkt bitterlich. Sie können dadurch keinen Partner halten oder eventuell gut auf sich stimmen. Ich bin mir sicher, dass Sie in Ihrer Beziehung manches gemacht haben, obwohl Sie lieber etwas anderes tun wollten. Was hat es Ihnen genutzt?

Verleugnen Sie niemals Ihre eigene Persönlichkeit
Wenn Sie sich adaptieren, haben Sie verloren. „Man muss doch auf den anderen zugehen!" Natürlich tut man das, aber bitte nicht bis zur Selbstaufgabe. Das ist das Schlimmste, was Sie tun können. Sie haben immense Fähigkeiten erhalten und wie viele leben Sie, bitte ehrlich beantworten. Haben Sie keine Angst davor, sich zu offenbaren, dies ist völliger Blödsinn.

Bei welchen Dingen haben Sie sich verleugnet
Wir gehen erneut in die Schriftlichkeit. Notieren Sie all die Punkte, bei denen Sie sich selbst verleugnet und nicht zu sich gestanden haben. Das ist kein Grund, in eine tiefe Depression zu verfallen, denn wenn man sich das erste Mal damit befasst, fällt es einem wie Schuppen von den Augen. Es ist nicht tragisch, dass es so war. Es wird nur dann tragisch, wenn Sie nichts daraus lernen.

1.) _____

2.) _____

3.) _____

4.) _____

5.) _____

6.) _____

7.) _____

8.) _____

9.) _____

10.) _____

Als ich das erste Mal, vor vielen Jahren diese Aufgabe gemacht habe, bin ich erschrocken. Wie geht es Ihnen damit? Bitte spielen Sie jetzt nicht die oder den Coole/n. Das erlebe ich häufig auf den Seminaren, dass die meisten unter der schweren Krankheit „Mehr Schein als Sein!" leiden. Immer so zu tun, als wäre alles in bester Ordnung. Einfach ehrlich sein, ist der wichtigste Schritt, um eine positive und anhaltende Veränderung herbeizuführen.

Ihr Fazit: _____

Was denken Sie jetzt

Schreiben Sie auf, was Sie denken, denn bei solch einer tiefgehenden Analyse kann man kaum gefühllos bleiben. Das geht zu tief hinein und es kommen Emotionen hervor.

1.) _____

2.) _____

3.) _____

4.) _____

5.) _____

6.) _____

7.) _____

8.) _____

9.) _____

10.) _____

Sind Sie erschüttert, erleichtert, begeistert, traurig, glücklich oder was geschieht gerade mit und in Ihnen? Sie haben viele Möglichkeiten? Die Frage ist, was machen Sie ab sofort daraus? Was wird Ihr neuer Weg sein?

Ihr Fazit: _____

Ihre neue Freiheit

Ich hoffe, Sie können es langsam aber sicher spüren. Sie haben auf der einen Seite einen Verlust erlitten und auf der anderen viel gewonnen. Denken Sie daran, jede Medaille hat auch zwei Seiten. Ja, schrecklich und grausam, dass Ihr/e Partner/in Sie verlassen hat. Wir werden das in den nächsten Kapiteln vertiefen. Für mich war wichtig, dass Sie vorab sehen, dass nicht alles negativ ist.

In Freiheit zu leben, ist das Schönste

Wenn ich bei Coachings und Seminaren die Teilnehmer nach Ihren Zielen frage, erhalte ich meistens zur Antwort, Freiheit und Unabhängigkeit. Das ist interessant, denn nichts fehlt den Menschen mehr, als genau diese beiden Dinge. Der Mensch sorgt selbst dafür, dass er abhängig ist. Das hat nichts mit dem Schicksal zu tun, es liegt an Ihnen alleine. Darum ist es wichtig, welche Gedankengänge und die daraus resultierenden Umsetzungen Sie einleiten. Nichts ist Zufall, sondern selbst verursacht. Sie wissen ja, wir geben niemand anderem die Schuld. Denn wir wissen genau, dass wir dadurch erst recht unsere Freiheit abgeben.

Keiner der versucht, zu manipulieren

Vielleicht ist noch Ihre Mutter da, die permanent versucht, auf Sie Einfluss zu nehmen. Ich bewundere Mütter, in ihrer Hartnäckigkeit. Wie diese ihre Ziele verfolgen und in der Regel auch die Töchter, die das nicht bemerken. Darum hier eine Botschaft an die Töchter „Befreit euch von euren Müttern!" Übrigens ist das auch der Buchtitel meines Werkes für die Töchter. Sicherlich macht sich nun bei einigen Lesern Opposition breit, das ist nicht schlimm. Überprüfen Sie, wer Sie noch manipuliert.

1.) _____

2.) _____

3.) _____

4.) _____

5.) _____

Ich belasse es bei fünf Positionen. Da ich davon ausgehe, dass dies ausreicht, denn einer fehlt ja bereits, nämlich Ihr Ex-Partner. Außer Sie kommen mit der Situation nicht klar und lassen sich weiterhin quälen. Dann ist es natürlich eine „never ending" Story, da hört das Dilemma nie auf. Ich denke, dass Sie alles daran setzen werden, es in Griff zu bekommen.

Ihr Fazit: _____

Was werden Sie tun

Aufschreiben und zur Kenntnis nehmen ist eine Sache, das nützt aber nichts. Es gibt Menschen auf dieser Erde, die unendliches Wissen besitzen, jedoch bringt nur angewandtes Wissen Segen, sonst bleibt es eine Plattitüde. Jetzt ist es für Sie die riesen Chance, daran zu wachsen. Wunderbar und großartig, dass Sie die freie Wahl zwischen Wachstum oder Untergang haben. Ja, Sie dürfen wählen. Ist das nicht traumhaft? Sie haben die Qual der Wahl. „Ist doch logisch, was ich wähle!"

Ich weiß, dann tun Sie es sofort. Verschieben Sie es keine Minute auf später, wenn der Moment eventuell besser sein könnte. Er wird nie besser sein. Das ist völliger Blödsinn, wenn Sie etwas wollen, heißt das, Sie haben in Freiheit entschieden und setzen sofort den ersten Schritt in das neue Leben. Notieren Sie, was Sie mit diesen Erkenntnissen anfangen werden.

1.) _____

2.) _____

3.) _____

4.) _____

5.) _____

6.) _____

7.) _____

8.) _____

9.) _____

10.) _____

Wie ist Ihr Empfinden? Gut, oder beschleichen Sie bereits gewisse Zweifel und daraus resultierend Ängste? Wohl eher ja, denn unsere Beziehung war kaum auf Freiheit aufgebaut, sondern eher auf Vernichtung und Zerstörung. Vielleicht nicht so schlimm, aber zumindest auf Kleinhalten. Und wie macht man das? In dem man bei dem anderen Angst schürt. Ein probates Mittel, um die Menschen klein zu halten.

Ihr Fazit: _____

Was fangen Sie mit Ihrer neuen Freiheit an

Traurig auf der einen Seite, dass die Beziehung zu Ende ist. Auf der anderen Seite ermöglicht es Ihnen eine völlig neue Dimension. Jetzt ist die Frage, wie gehen Sie damit um? Was machen Sie daraus? Eine Meisterleistung oder noch Wochen, Monate und vielleicht sogar Jahre leiden. Alternativ sofort die nächste Geschichte lancieren, Sie haben die volle Entscheidungsfreiheit. Alles ist möglich, wenn Sie gezielt durchs Leben schreiten.

In die nächste Abhängigkeit hüpfen
Etliche hüpfen in solchen Situationen, sofort in die nächste Abhängigkeit, ohne zu merken, dass sich die Nummer wiederholen wird. Das kennen Sie bestimmt von der guten Freundin, die bereits zum fünften Mal, mit einem Alkoholiker verheiratet ist. Die alten Muster laufen ab, ohne dass sie sich dessen bewusst ist. Hier gilt es aufzupassen, dass Sie nicht in die gleiche Falle laufen.

Angst vor der Freiheit
Vielleicht gehören Sie zu denen, die Angst vor Ihrer neuen Freiheit haben, das gibt es häufig. Die nicht klarkommen, keinen an seiner Seite zu haben, der sagt, was man tun und lassen soll. Völlige Freiheit, über sich selbst bestimmen zu können, ist gar nicht leicht und will gelernt sein. Arbeiten Sie daran, denn es wäre wirklich schade, wenn Sie Ihre Freiheit nicht richtig und in vollen Zügen nutzen würden.

Wo geht es mit Ihnen hin
Wo geht es hin? Was haben Sie vor? Was hätten Sie gerne? Wo geht es Ihnen gut, wo sehr gut und als Krönung natürlich, hervor-

ragend? Alles wichtige Fragen, deren Beantwortung Ihnen eine wunderbare Zukunft beschert oder das Gegenteil davon. Wenn ein Kapitel abgeschlossen ist, fängt das nächste an. Wie gut, wenn man das im Vollbesitz seiner Kräfte macht. Schreiben Sie alles auf, was Ihnen dazu einfällt.

1.) _____

2.) _____

3.) _____

4.) _____

5.) _____

6.) _____

7.) _____

8.) _____

9.) _____

10.) _____

Was empfinden Sie, wenn Sie Ihre neue Freiheit anschauen? Geht es Ihnen gut? Sind Sie glücklich? Sagen Sie jetzt bitte nicht, Sie wären glücklich, wenn Ihr Partner noch da wäre. Dann müssten wir sofort fragen, wenn er noch da wäre, könnten Sie dann alles so umsetzen, wie Sie es sich erträumen? Da bin ich mir nicht sicher. Die meisten Partnerschaften bauen auf dem Gegenteil auf, wie zum Beispiel den Partner einengen, ihm den eigenen Lebensstil aufzwingen, ihn kontrollieren, drangsalieren und noch einige weitere Varianten. Sicherlich gibt es andere Partnerschaften, diese sind aber eher selten, wo jeder den anderen absolut in Ruhe lässt. Das ist immens wichtig, denn reine und wahre Liebe bedeutet Freiheit. Den anderen da zu lassen, wo er ist, ihn zu fordern und fördern, damit er sein Leben leben kann, wie er es möchte.

Ihr Fazit: _____

Wann werden Sie es umsetzen

Ich gehe davon aus, Sie haben Ihre Hausaufgaben gewissenhaft erledigt. Dadurch sind Sie ein schönes Stück weitergekommen und haben bemerkt, dass Ihr Leben ohne die Vergangenheit, nicht so schrecklich ist. Natürlich wird es immer wieder wehtun, das können wir nicht abstellen. Müssen wir auch nicht, nur darf unser Leben davon nicht gänzlich blockiert werden, dass es keinen Fortschritt zu verzeichnen gibt. Nachdem Sie alles aufgeschrieben haben, folgt die berühmte Frage, wann legen Sie los? Halten Sie bitte den Zeitpunkt fest.

Wieso haben Sie dieses Datum gewählt und kein anderes?

_____

Immer wieder alles zu hinterfragen, ist ein enorm wichtiger Aspekt. Nichts dem Zufall zu überlassen oder die übliche Floskel „Es ist halt so!" Wenn das kleine Kinder sagen, ist es in Ordnung, jedoch nicht gestandene Erwachsene.

Was hindert Sie

Vielleicht gibt es noch das eine oder andere, das Sie daran hindert. Irgendwo ein Punkt, der Sie nicht machen lässt, wie Sie es gerne hätten. Tief in Ihrem Inneren schlummert eine Blockade. Das wäre nicht gut, wenn Sie nur halbherzig an die Sache gehen würden.

„Wenn schon, denn schon!"

Wie der Volksmund treffend sagt. Notieren Sie Ihre möglichen Hemmnisse.

1.) _____

2.) _____

3.) _____

4.) _____

5.) _____

Wenn Sie Ihre Hemmschuhe anschauen, was haben Sie dabei für ein Gefühl? Wie gehen Sie damit um? Sind es ernst zunehmende Dinge oder eher etwas oberflächlicher Natur?

Ihr Fazit: _____

Setzen Sie Prioritäten

Bei allem was Sie tun, setzen Sie Prioritäten, die Konzentration auf das Wesentliche. Sie können nicht gleichzeitig an allen Punkten angreifen. Es gilt herauszufinden, was ist der Schlimmste? Denn durch die Lösung dieses Punktes, lösen sich in der Regel auch alle anderen auf. Halten Sie den für Sie schlimmsten Punkt nachfolgend fest.

_____

Wieso ist das so? Permanent hinterfragen, je früher Sie damit anfangen, desto leichter kommen Sie im Leben klar. Wenn die Dinge für Sie zur Selbstverständlichkeit werden, haben Sie gewonnen.

Arbeiten Sie daran

Hier kann ich Ihnen empfehlen, arbeiten Sie daran. Nicht nur jetzt und heute, sondern ein Leben lang, das ist die große Devise. Denn wer glaubt, dass er fertig ist, ist in der Tat fertig. Fertig sind Sie erst am Ende Ihres Lebens. Lesen Sie die einzelnen Seiten immer wieder durch. Gehen Sie in die Wiederholung, denn in dieser liegt die Kraft und zugleich die Wirklichkeit. Das heißt, es ist der Anfang, Wirklichkeit zu werden.

Was empfinden Sie

Fühlen Sie sich wohl dabei? Halten Sie bitte alles fest. Beim Aufschreiben ist es extrem wichtig, dass Sie nicht lange in die Überlegung gehen, sondern die Dinge sofort festhalten. Je schneller, desto besser. Je länger Sie nachdenken, desto weniger Punkte werden Sie finden.

1.) _____

2.) _____

3.) _____

4.) _____

5.) _____

6.) _____

7.) _____

8.) _____

9.) _____

10.) _____

Wenn Sie die eine oder andere negative oder für Sie zu schwache Stelle finden, arbeiten Sie intensiv daran, ändern Sie es. Gehen Sie nochmals über die Bücher, wie es so schön heißt. Dadurch erreichen Sie Ihre Wünsche und Ziele. Daraus resultierend ein selbst bestimmtes Dasein.

Ihr Fazit: _____

Der Erziehungshorror

Anstatt den Kindern und Jugendlichen eine lebensbejahende Grundbasis zu vermitteln, wird das Gegenteil gemacht. Sie werden klein gehalten, demoralisiert, teilweise wird ihnen buchstäblich das Rückgrat gebrochen. Alleine das Wort „Erzieher" beinhaltet „das Ziehen." Es gibt nur wenige gute Formen des Umganges mit einem Kind. Schauen wir uns die einzelnen Positionen an. Da bitte ich Sie, dass Sie zu jeder Einzelnen kurz hinschreiben, was bei Ihnen passiert ist.

Unglaublich, was alles geschieht

Ich bin erstaunt, was alles passiert, stehe oft ungläubig davor und frage mich, was das Ganze soll. Aus was für einem Grund solche Dinge gemacht werden. Schauen wir diese uns der Reihe nach an. Manches werden Sie kaum glauben können. Wenn Sie anfangen, sich ein wenig intensiver mit der Situation zu befassen, werden Sie erkennen, was hier geschieht.

Achtung vor dem Deckmäntelchen Liebe

Was alles unter diesem Deckmäntelchen erfolgt, ist unglaublich. „Ich meine es doch nur gut mit dir!" Wenn Sie solche Aussagen hören, sollten Sie besonders aufpassen, denn das ist nicht gut für Sie. Der andere möchte etwas anderes sagen „Ich meine es nur gut mit mir. Und wenn du dich änderst, in welcher Form auch immer, geht es mir nicht mehr gut. Es wird für mich unbequem und unangenehm!" Das ist die reine Wahrheit, wenn Sie es nicht glauben, schauen Sie das nächste Mal genau hin, wenn Sie solch eine Aussage hören. Fragen Sie gleich nach, was derjenige damit meint. Höchstwahrscheinlich wird man Sie mit einer Floskel abtun wollen. Bleiben Sie hartnäckig, lassen Sie sich nichts vormachen.

Nichts ist zu abartig
Vieles ist in der Tat total abartig. Die Abartigkeit des Menschen kennt keine Grenzen, diese auszuleben. Kinder sind die prädestinierten Opfer, weil sie sich noch nicht wehren können. Viele machen jedoch nicht einmal Halt vor den Erwachsenen. Die Welt ist gut, wunderbar, sehr schön, hat aber auch eine andere Seite, die Abartigkeit der Einzelnen.

Neid
Neid ist eine schwere, schwere Krankheit und äußerst ungesund. Neidisch auf einen anderen Menschen zu sein, von dieser Sorte Mensch gibt es unendlich viele. Dabei wäre das überhaupt nicht nötig. Jeder hat die freie Wahl und kann sich positionieren. Nur die wenigsten suchen sich dabei die freiwillige Variante. Viele behaupten, dass das Schicksal mit im Spiel ist und sie keine Chance haben. Das Einzige, was übrig bleibt, ist den anderen es spüren zu lassen und ihn klein zu halten. So kann man wenigstens Macht ausüben und sich dadurch größer machen.

Eifersucht
Eifersucht gehört ebenso in den Bereich hinein. Auf alles und jeden eifersüchtig zu sein, ist leider krank, denn es gibt keinen Grund eifersüchtig zu sein. Wenn jemand mehr besitzt, als der andere, ist es sinnvoller, vorher zu überprüfen, woher das kommt. Den anderen einmal genau zu studieren, dann merkt man relativ schnell, dass der Spruch von „Der hat halt Glück gehabt und das Leben ist so ungerecht" völlig absurd ist. Diese Menschen hindert nur das eigene Fort- und Weiterkommen. Wie es das Wort schon ausdrückt „Eifer – sucht!" Es handelt sich um eine Sucht, diese ist schlecht und ungesund.

Hass
Der Gipfel von dem Ganzen ist der blanke Hass. Was dieser verursacht, können wir Tag für Tag im Fernsehen live erleben. Hass

macht blind und ist auf totale Zerstörung aus. Haben Sie schon einmal gesehen, wie viel Hass bei uns, anderen Menschen entgegenschlägt, fatal das Ganze.

Durchsetzung der eigenen Interessen um jeden Preis

Das ist die Ausgangsbasis. Durchsetzung um jeden Preis, koste es, was es wolle, alle Mittel sind dazu heilig. Für viele gibt es keine Grenzen. Wie fatal, wenn Sie hier als Kind hineingekommen sind. Denn das Unterbewusstsein von einem Kind nimmt alles auf, ebenso beim Erwachsenen. Unser Unterbewusstsein kann nicht zwischen gut und schlecht unterscheiden.

Lesen Sie die nächsten Abschnitte genau

Es kann gut sein, dass Sie mit dem einen oder anderen Abschnitt nicht einverstanden sind, sich Ihnen die Nackenhaare sträuben. Ungläubig sind und sagen „Das kann doch nicht sein!" Schauen Sie dennoch hin und arbeiten Sie unbedingt daran. Ich bin mir hundertprozentig sicher, dass Sie manches finden werden. Halten Sie bitte unbedingt alle Punkte fest. Enorm wichtig, um nachher weiter daran zu arbeiten.

Eltern

Das sind die ersten Manipulatoren. Solange Sie noch klein waren, lief in der Regel alles wunderbar. Als Sie größer wurden, ging es langsam aber sicher los. Viele negative Suggestionen, wie übrigens von nahezu allen, die Ihnen nicht gut getan haben. Mehr darüber in dem Kapitel Glaubenssätze. Wenn ich an meine Kindheit zurückdenke, war das Thema häufig „Tue das nicht, tue jenes nicht. Was könnten die anderen denken. Du bist das, dies und jenes." Permanente Wiederholungen schaffen irgendwann Wirklichkeit. Das Ziel meiner Eltern war, dass ich Zugschaffner oder Briefträger werde. Wie böse sie waren, als ich einen anderen Weg eingeschlagen habe. Schreiben Sie Ihre prägenden Erlebnisse auf.

1.) _____

2.) _____

3.) _____

4.) _____

5.) _____

Wenn es nicht reicht, schreiben Sie zwischen den Zeilen oder am Rand weiter. Halten Sie all Ihre Aussagen direkt im Buch fest. Wie fühlt es sich für Sie an? Als ich das erste Mal Bilanz gezogen habe, konnte ich sagen „Ich habe liebe Eltern, jedoch auch große Manipulatoren, die bis vor wenigen Jahren immer versucht haben, Ihre Welt auf mich zu stülpen." Zum guten Glück war und bin ich, ein freiheitsliebender Mensch, der seinen Weg geht.

Ihr Fazit: _____

Kindergarten

Was ist in dieser Institution alles mit Ihnen passiert? Was hat man mit Ihnen gemacht? Kein leichtes Unterfangen, für die teilweise selbst noch sehr jungen Mädchen. Mit geringer Lebenserfahrung, direkt von der Schule kommend. Dann in die Praxis einsteigen und das erlernte, theoretische Wissen anwenden. Wenn ich da an meine Kindergartenzeit zurückdenke, gab es eine ältere Kindergärtnerin, die sehr menschlich war und für alles Verständnis hatte. Aber die jungen Erzieherinnen versuchten natürlich ihr erlerntes, pädagogisches Geschick anzuwenden, was zwischen der Theorie und Praxis häufig divergierte.

Im Kindergarten wurde einem auch beigebracht „Nicht immer nur du!" Im Nachhinein betrachtet, eine zweischneidige Situation.

Nicht immer nur du, möglichst nur die anderen und schon haben wir das Dilemma. Dadurch fängt man an, sich selbst zu verkaufen. Das beginnt in der Regel subtil. Dabei gibt es in Ihrem Leben nur eine wichtige Person und das sind Sie. Denn wenn es Ihnen richtig gut geht, geht es auch allen anderen um Sie herum gut. Notieren Sie bitte Ihre Gefühle.

1.) _____

2.) _____

3.) _____

4.) _____

5.) _____

Wie fühlt es sich an, wenn Sie zurückdenken? War es eine schöne Zeit für Sie oder eher das Gegenteil?

Ihr Fazit: _____

Schule

Wenn ich an meine Zeit zurückdenke, da gab es sogar noch die Prügelstrafe. Eines der geflügelten Worte war „Crameri aus dir wird nie etwas!" Ich fand das stets amüsant, was den guten Herrn noch mehr in Rage gebracht hat. Ich hatte schon damals meine klaren Visionen und davon ließ ich mich nicht abbringen. Wie ist es Ihnen ergangen? Was waren für Sie die einprägsamsten Momente? Schreiben Sie es bitte auf.

1.) _____

2.) _____

3.) _____

4.) _____

5.) _____

Was empfinden Sie? Fühlen Sie sich mit den Aufzeichnungen gut oder hinterlässt es einen komischen Geschmack? Auch hier ehrlich sein, denn für die meisten ist die Schule nicht gerade erbauend. Unabhängig von dem Stoff, der zu lernen ist.

Ihr Fazit: _____

Kirche

Uns hat man damals mit Vorliebe Angst, mit dem Fegefeuer gemacht und weiteren netten Dingen. Auf die Frage, wo die Hölle sei, sagte man uns lapidar "Vorne am Altar." Unter Todesangst haben wir das Ganze als 12-jährige überprüft, wir wollten es wissen. Später, als ich heiraten wollte, musste ich zum Unterricht und auf die Frage „Nach welchem Glauben werden die Kinder erzogen?" antwortete ich „Nach der Konfession meiner zukünftigen Gattin." Das war eine reine Katastrophe und der Herr Pfarrer, versuchte mir ins Gewissen zu reden. Als ich ihm dann sagte, dass es dabei bleibt, war er nicht bereit uns zu trauen. Das zu der Geschichte, was haben Sie diesbezüglich für Erlebnisse?

1.) _____

2.) _____

3.) _____

4.) _____

5.) _____

Wie fühlt es sich an? Was ist hängen geblieben? Oh, fast hätte ich es vergessen, vorehelicher Verkehr ist ein Frevel. Nun denn..........!

Ihr Fazit: _____

Verwandte
Wenn ich da an einige Verwandte von mir denke. Die wussten alles besser und meinten, dass ich das so und so machen sollte. Die Eltern fühlten sich natürlich in manchem auch bestärkt. Massiver Einfluss von allen Seiten, dass ich mich endlich einmal ändern möge. Wie ist es Ihnen ergangen?

1.) _____

2.) _____

3.) _____

4.) _____

5.) _____

Wie gehen Sie damit um? Ich habe mich zurückgezogen, denn ich benötige diese Manipulationsversuche nicht. Meine Zeit ist mir zu kostbar, um sie damit zu verbringen.

Ihr Fazit: _____

Freunde/innen
Was machen Ihre Freunde und Bekannte? Wie verhalten diese sich Ihnen gegenüber? Nett und aufgestellt, oder eher vernichtend? Oft stark in der Manipulation. Leider klein haltend, es wird nicht ger-

ne gesehen, wenn sich der/die Freund/in urplötzlich weiterentwickelt. Deshalb wird extrem massiv, mit den verschiedensten Mitteln vorgegangen.

1.) _____

2.) _____

3.) _____

4.) _____

5.) _____

Geht es Ihnen gut? Oder hinterlässt es eher einen faden, bitteren Beigeschmack?

Ihr Fazit: _____

Partner/in

Das ist mit die größte Spielwiese der Manipulationen. Männer, die Ihre Frauen klein halten, drangsalieren und natürlich umgekehrt, das finde ich erschütternd. Der eine, der es versucht und auf der anderen Seite natürlich der andere, der es zulässt. Anstatt, dass sich jeder in seinem Gebiet bewegt, tritt man permanent in das Feld des Partners ein und versucht es zu ändern. Wie oft hört man „Das bekomme ich schon noch hin, ich bin am Bearbeiten!" Wie schrecklich dermaßen zu manipulieren, dass der andere funktioniert. Das ist das Verwerflichste, was es gibt. Nie und nimmer sollte man den anderen für seine eigenen Bedürfnisse beeinflussen. Entweder es funktioniert in Freiheit, was letztlich Liebe bedeutet, oder nicht. Schreiben Sie Ihre Momente auf.

1.) _____

2.) _____

3.) _____

4.) _____

5.) _____

Ich gehe davon aus, dass die fünf Punkte nicht reichen werden. Schaffen Sie hier unbedingt eine Transparenz. Das ist enorm wichtig für Sie persönlich und Ihr Fort- und Weiterkommen. Das Leben ist zu schade, um es unter widrigen Einflüssen zu verbringen.

Ihr Fazit: _____

Beeinflussen Sie sich mit Autosuggestion

Autosuggestion, als Selbstbeeinflussung ist von immenser Wichtigkeit. Wie gehen Sie mit sich um, was erzählen Sie sich selbst den lieben langen Tag? Sprechen Sie auf einem hohen Niveau zu sich, oder eher vernichtend und missachtend? Sollte das Letzte der Fall sein, ist das schade und zugleich traurig. Vor sich die höchste Achtung zu haben, ist ein absolutes Muss. Sich zu schätzen, lieben und achten. Halten Sie fest, wie Sie mit sich umgehen.

1.) _____

2.) _____

3.) _____

4.) _____

5.) _____

Wie liest es sich? Wenn ich das in den Kursen mache, sind die Teilnehmer darüber erschrocken und völlig erstaunt, auf welch niedrigem Niveau sie sich selbst gegenüber begegnen. Fatal, wenn man bedenkt, dass man sich ein Leben lang hat. Da sollte die Achtung wesentlich höher sein.

Ihr Fazit: _____

Notieren Sie zu jedem Bereich, den gravierendsten Moment
Halten Sie den gravierendsten Moment fest, den dringlichsten Punkt. Hier gilt nicht überall angreifen wollen, sondern gezielt an den wichtigsten Stellen. Von dort aus gibt es eine Kettenreaktion und um diese geht es. Man nennt das auch den sogenannten Domino-Effekt.

1.) _____

2.) _____

3.) _____

4.) _____

5.) _____

6.) _____

7.) _____

8.) _____

9.) _____

10.) _____

Was fällt Ihnen auf? Erkennen Sie in dem Ganzen ein System? Nahezu immer zieht sich alles wie ein roter Faden durch Ihr Leben.

Ihr Fazit: _____

Was tun Sie damit
Nun, wo Sie sich intensiv mit dem Thema befasst haben, was machen Sie damit? Das ist die große Frage. Denn nur etwas mitzumachen und zu analysieren, ist die eine Geschichte. Es zu verändern, dass es pure Lebensfreude bringt, ist eine der Aufgaben mit höchster Priorität. Treffen Sie eine klare Entscheidung und es geht Ihnen in Ihrem Leben wesentlich besser. Sie gelangen in den sogenannten Wohlfühlbereich hinein.

Wenn Sie das Thema der Manipulatoren vertiefen möchten
Lesen Sie unbedingt mein Buch „Ein Millionär als Traumpartner!" Darin geht es über viele Seiten um das Thema. Ich wollte das hier nicht weiter vertiefen, da es darüber bereits schon ein Buch gibt. Es ist spannend, von der ersten bis zur letzten Minute, mit vielen praktischen Tipps, um diese sofort in die Tat umzusetzen.

Nehmen Sie sich vor Ihren Glaubenssätzen in acht

Leider sind die Glaubenssätze tief in uns verankert. Wir sind uns dessen überhaupt nicht bewusst. Sie sabotieren uns im buchstäblichen Sinne und wir sind des Öfteren überrascht, woher diese Störungen kommen. Sie tun uns in der Tat nicht gut, weil sie meistens negativer Natur sind. Durch die permanenten Wiederholungen der Verursacher, prägen diese sich bei uns tief ein. Hier gilt es klar, die Glaubenssätze zu erkennen und zu eliminieren.

Gebrandmarkt fürs Leben
Das ist das Thema, für ein ganzes Leben sind wir buchstäblich gebrandmarkt. Sie stören uns fortlaufend und wir sind überrascht, wenn wir nicht vorankommen. Die Glaubenssätze haben sich tief in unser Unterbewusstsein eingegraben und sind häufig nicht als solche zu erkennen.

Glaubenssätze führen uns
Sie führen und leiten uns, es gibt Tausende von verschiedenen Glaubenssätzen und dennoch gleichen sie sich. Sie haben buchstäblich die Überhand über unser komplettes Leben. Siehe als Beispiel „Das blöde Geld reicht hinten und vorne nicht!" Was passiert mit solch einer Aussage? Oft hören wir dies bereits schon von den Eltern, in einer ständigen Wiederholung. Meistens ist es mit viel Gefühl verbunden und durch zehntausendfache Wiederholungen, wird es stärker und zur Wirklichkeit. Sie können gar nicht anders, das Geld ist für Sie blöd.

Ihre Glaubenssätze
Welche Glaubenssätze nennen Sie Ihr eigen? Wie gehen Sie damit

um? Was erzählen Sie häufig? Was passiert automatisch? Notieren Sie Ihre Glaubenssätze.

1.) _____

2.) _____

3.) _____

4.) _____

5.) _____

6.) _____

7.) _____

8.) _____

9.) _____

10.) _____

Auch wenn Sie nicht alle gefunden haben, denn wie erwähnt verstecken sich diese gerne. Schauen Sie nochmals in die Tiefe Ihrer Seele, da werden Sie etliche finden. Oder beobachten Sie sich die nächsten Tage und Wochen. Immer wenn Sie spüren, dass ein Programm abläuft, schreiben Sie es unverzüglich auf. So kommen Sie dem Kern stärker auf die Spur.

Ihr Fazit: _____

Von wem haben Sie diese Glaubenssätze erworben
Von irgendwo her müssen diese kommen. Schreiben Sie zu jedem

Glaubenssatz auf, wer sie geprägt hat. Ob derjenige erfolgreich ist oder nicht, da herrscht ein enger Zusammenhang.

Ihre Glaubenssätze 　　　　　　　　**Erfolgreich Ja/Nein**

1.) _____ _____

2.) _____ _____

3.) _____ _____

4.) _____ _____

5.) _____ _____

6.) _____ _____

7.) _____ _____

8.) _____ _____

9.) _____ _____

10.) _____ _____

Was für eine Erkenntnis haben Sie gewonnen? Ist Ihnen einiges bewusst geworden?

Ihr Fazit: _____

Welcher ist der schlimmste Glaubenssatz

Welcher denken Sie, belastet am meisten? Unterschätzen Sie nicht den Faktor. Bei mir war es der Glaubenssatz „Reich zu sein, ist sowieso alles erlogen und ergaunert!" Dieses Phänomen habe ich nicht nur an mir entdeckt, sondern auch bei vielen anderen Erfolgreichen. Das führt soweit, dass man ein schlechtes Gewissen hat, wenn man Erfolg hat. Man lebt dadurch in der Angst, dass dies nicht von Bestand ist. Notieren Sie nun Ihren Glaubenssatz.

_____

Wieso ist das Ihr schlimmster Glaubenssatz und was passiert dadurch mit Ihnen? Bitte nicht überall angreifen, sondern sich den Schlimmsten aussuchen und mit diesem arbeiten.

Was hat das für Sie zu bedeuten
Was hat das für Sie explizit zu bedeuten? Ich finde es fatal, wenn zum Beispiel die eigenen Eltern ihre Kinder permanent mit solch einem negativen Müll bombardieren, sie damit für das Leben schwächen. Wie kann man sich nur dermaßen aufführen? Das verstehe ich leider nicht und ist auch nicht nachvollziehbar. Für alles benötigt man bei uns eine Prüfung, aber für die Kindererziehung nicht. Witzig wird es, wenn behauptet wird „Die armen Eltern sind sich dessen nicht bewusst." Ich erlebe es häufig, dass ich an gewisse Grenzen stoße, die ich unverzüglich überprüfe und feststellen kann „Daher kommt das wieder!"

Erfolgreiche Menschen haben positive Affirmationen
Sie können nicht anders, denn sie wissen, Erfolg fängt zuerst im Kopf an und hat etwas mit der geistigen Einstellung zu tun, nicht mit Lust oder Unlust. Ein kleines Beispiel, ein negativ Denkender stöhnt und sagt „Ist das schwierig," oder noch schlimmer „Das ist zu kompliziert!" Ein Erfolgreicher hingegen sagt „Das ist eine Herausforderung, heißt für mich üben. Kein Problem, das schaffe ich!" Merken Sie etwas, es geht um die gleiche Geschichte, nur mit dem Unterschied, dass es leichtfallen wird und der andere höchstwahrscheinlich unverzüglich aufgibt.

Ihre positiven Glaubenssätze

Natürlich haben Sie auch den einen oder anderen positiven Glaubenssatz. Es gilt intensiv daran zu arbeiten, um ihn herauszufiltern. Je öfters Sie die Positiven wiederholen, desto mehr werden Sie zu einem Teil von Ihnen. Sie verankern sich ganz ganz tief in Ihrem Inneren.

1.) _____

2.) _____

3.) _____

4.) _____

5.) _____

6.) _____

7.) _____

8.) _____

9.) _____

10.) _____

Ich bin mir sicher, dass dies ein wenig schwieriger für Sie war. Leider dominiert in unserem Leben das Negative, es hat von unserer Gesellschaft Besitz ergriffen.

Ihr Fazit: _____

Wenn Sie das Thema vertiefen möchten, lesen Sie mein Buch
Mit dem wunderbaren Titel „Hüte dich vor deinen Glaubenssätzen!" Das sollten Sie unbedingt tun, denn sonst werden Sie niemals den Erfolg erreichen, von dem Sie schon lange träumen. Es gibt im Leben Dinge, die sind unbedingt zu beachten, andere wiederum kann man ruhig vernachlässigen. Die Glaubenssätze gehören bestimmt nicht dazu.

Zweifel und Angst, als Erziehungsmethoden

Es ist in der Tat das schlimmste Erziehungsmittel, Zweifel zu streuen und Angst einzujagen. Oft wird diese Methode benutzt, um andere klein zu halten. In meinen Augen gibt es nichts Abscheulicheres, als so etwas. Letztlich braucht es aber zwei dazu. Einer, der sich auslebt und einer, der dies natürlich akzeptiert. Nun, als Kind werde ich diese Machenschaften kaum durchschauen können, zumal es oft noch aus der geliebten, eigenen Reihe kommt. Als Erwachsener sieht die Sache bereits anders aus. Nur ist man bis dorthin schon so manipuliert worden, dass man es überhaupt nicht wahrnimmt.

Angst, das probate Mittel, andere klein zu halten

Mit Angst zu operieren, da kann man die gesamte Menschengeschichte anschauen und wird dies zu jeder Epoche entdecken. Kriege sind darauf zurückzuführen. Es ist traurig, dass wir Menschen nicht imstande sind, in Ruhe und Frieden zu leben. Dass alles im Hauen und Stechen enden muss. Welche Abartigkeiten uns doch begleiten, das ist traurig und erschütternd. Wenn das Ganze aus den eigenen Reihen kommt, ist es die Krönung.

Glauben Sie daran

Das ist die große Frage. Glauben Sie selbst an das, was man Ihnen erzählt hat? Wenn Sie es nicht glauben, sind Sie völlig immun dagegen. Keiner kann Ihnen etwas anhaben. Wenn Sie jedoch daran glauben, haben Sie keine Chance. Dann werden die Zweifel und Ängste in Ihnen hochsteigen und Sie lähmen.

Wovor haben Sie Angst

Haben Sie sich da schon einmal Gedanken gemacht? Wohl kaum,

wie die meisten. Es ist eher ein dumpfes Gefühl, das einen beschleicht und Herr über uns wird. Das ist aber schlecht, dürfen wir niemals zulassen. Wir müssen uns entschieden dagegen wehren. Notieren Sie, wovor Sie sich fürchten.

1.) _____

2.) _____

3.) _____

4.) _____

5.) _____

6.) _____

7.) _____

8.) _____

9.) _____

10.) _____

Vielleicht reicht der Platz überhaupt nicht aus. Welches Gefühl kam in Ihnen während des Schreibens auf? Wenn ich das in den Lehrgängen oder beim Coaching mache, sind viele erstaunt, dass sie häufig sogar unbewusste Ängste ihr eigen nennen. Das ist natürlich fatal, denn diese Programme laufen von alleine, ohne ihr Zutun ab. Es gilt diese, für ewige Zeiten auszumerzen. Gehen Sie ernsthaft an diese Aufgabe.

Ihr Fazit: _____

Ihre negativen Glaubenssätze zu Zweifel und Angst

Wir haben uns bereits um die negativen Glaubenssätze gekümmert. Nun werden wir das Ganze explizit auf die Bereiche Zweifel und Ängste reduzieren. Wenn Sie in Ihrer Verlassenheit davon gequält und geplagt werden, wird es in der Umsetzung schwieriger, möglichst rasch und vor allem unbeschadet herauszukommen.

Wer hat Ihnen das beigebracht

Überprüfen Sie genau, wer Ihnen dies alles beigebracht hat. Wer waren die Verursacher? Wenn Sie alles aufschreiben, beschönigen Sie bitte nichts. Das tut man häufig, vor allem wenn es Leute aus den eigenen Reihen sind. Das ist nicht in Ordnung, denn es geht ausschließlich um Wahrheit und Klarheit.

1.) _____

2.) _____

3.) _____

4.) _____

5.) _____

6.) _____

7.) _____

8.) _____

9.) _____

10.) _____

Wie empfinden Sie? Als ich das damals vor Jahren gemacht habe, konnte ich es nicht glauben, dass so vieles aus der eigenen Reihe kam. Im ersten Moment war ich sogar geschockt, dass die eigenen Familienangehörigen mit solch probaten Mitteln arbeiten. Dies war außerhalb meines gesamten Denk- und Fühlvermögens. Vielleicht ergeht es Ihnen ebenso. Nun denn, es war für mich eine solch schmerzhafte Erfahrung, die ich bei anderen Menschen noch oft erlebt habe.

Ihr Fazit: _____

Das Ganze ist erschreckend

Das ist es in der Tat, denn man dürfte im Normalfall davon ausgehen, dass die Familie alles tut und dazu beiträgt, dass aus den eigenen Kindern, gestandene Persönlichkeiten werden. Ohne Angst und Furcht vor dem Leben. Leider ist dies in vielen Fällen nicht so. Vor allem, wenn man die Eltern damit konfrontiert, reagieren sie völlig entrüstet und gehen in der Regel gleich zum Gegenangriff über. Manche Mutter stürzt sich in ein Tal der Tränen. Nun denn, auch das ist eine Möglichkeit.

Was werden Sie tun

Wenn Sie alles so lassen wie bisher, wird sich leider überhaupt nichts ändern. Sie werden weiterhin leiden und sich unter Umständen als armes Geschöpf auf Erden stetig wieder finden. Sie haben aber die riesige Chance, aus diesem Dilemma endgültig auszubrechen und Ihr Leben zu gestalten, dass es Ihrem wahren Sein hundertprozentig entspricht. Tun Sie es, packen Sie es an, wenn nicht jetzt, wann dann? Schreiben Sie sofort Ihre Maßnahmen auf.

1.) _____

2.) _____

3.) _____

4.) _____

5.) _____

6.) _____

7.) _____

8.) _____

9.) _____

10.) _____

Haben Sie Ihre zehn Punkte notiert? Ich gehe davon aus, dass es für Sie nicht leicht ist, alles schnell und locker aufzuschreiben. Wir werden in einem der nächsten Kapitel intensiver darüber berichten. Da lernen Sie die spannende Erfolgsformel

„Z+P+T+K"

kennen. Diese wird auf Ihrem neuen Lebensweg, ein enorm wichtiges Instrument werden.

Ihr Fazit: _____

Was hat das alles mit dem Verlassensein zu tun

Sicherlich haben Sie sich das schon gefragt. Das hat unendlich viel damit zu tun, denn die meisten fürchten das Alleinsein, fühlen sich nicht wohl. Auch ich hatte damit meine Probleme, ängstlich und nicht wissend, wie es weitergeht. Alles grau in grau sehend. Lernen Sie sich mit den neuen Gegebenheiten vertraut zu machen. Darum ist es wichtig, sich mit der Situation klar und deutlich auseinanderzusetzen. Dadurch ist es für Sie nichts Überraschendes oder Unbekanntes, Sie können damit besser umgehen. Das ist das Entscheidende, dass Sie über den Dingen stehen und nicht diese Sie in Beschlag nehmen. Fällt Ihnen etwas auf? Dieses Buch führt Sie noch in andere Bereiche hinein.

Es ist unfassbar

Sie werden immer wieder an den Rand der Verzweiflung und des Unfassbaren gelangen. Wo Sie alles hinterfragen, es nicht verstehen können und wieso alles so sein musste. Diese Gedanken tendieren leider stark zur Verselbstständigung. Hier ist es wichtig, dass Sie Herr Ihrer Gedanken und Gefühle bleiben. Lassen Sie diese kurz zu und dann konzentrieren Sie sich wieder auf das Wesentliche, das ist Ihr neues Leben. Bitte schauen Sie nicht zurück, dies führt Sie in ein tiefes Elend.

Das ist ein normaler Prozess

Sehen Sie es als einen normalen Prozess. Seien Sie deshalb konsequent nachsichtig mit sich. In erster Linie müssen Sie für sich Verständnis zeigen, ohne in Zorn oder einen sonstigen Anfall von Zerstörungswut zu verfallen.

Lassen Sie es kurz zu

Es sind wie Nebelschwaden, die aus dem Nichts auftauchen und Sie buchstäblich umnebeln. Lassen Sie sich davon nicht beirren. Nehmen Sie es zur Kenntnis und betrachten Sie sofort die positive Seite des Geschehens. Das hilft Ihnen, schneller in den Wohlfühlbereich zu gelangen. Die Leichtigkeit des Seins, in dem Freude und Harmonie herrscht.

Es schmerzt

Es schmerzt, das ist normal, das Ende von gewohnten Momenten. Alleinsein ist leider die größte Furcht, von uns Menschen. Deswegen gehen die meisten unendliche Kompromisse ein und verkaufen sich sogar dabei, das dürfen Sie nie tun. Bleiben Sie bei sich, in dem Bewusstsein, dass das eine vergangen ist. Bald aber wieder etwas Schönes in Ihr Leben treten wird.

Das Gefühl der Ohnmacht
Sie sind nicht ohnmächtig, sondern immer noch gesund. Genau aus diesem Grund ist es dringlich, dass Sie sich nicht hineinsteigern und als Konsequenz daraus, krank werden. Das wäre das Letzte in dieser Situation. Ihre Seele leidet doch bereits genug. Sie haben bestimmt schon den direkten Zusammenhang erfahren dürfen. Nun heißt es aufpassen, dass hier nicht eine tragische Eigendynamik entsteht. Manche Menschen sind nach einer Trennung krank oder sogar schwer krank geworden.

Bleiben Sie dabei
Bleiben Sie wirklich dabei. Ein neues Leben beginnt, wir werden in den nachfolgenden Kapiteln über Ihre Zielfindung und die Strategien reden. Diese helfen Ihnen, hier zügig herauszukommen. Zeigen Sie keine Schwäche, weder sich selbst noch den anderen gegenüber, dann haben Sie verloren. Sie möchten doch aus dem Ganzen nicht als Verlierer, sondern als Sieger herausgehen. Wie hört sich das für Sie an? Fangen Sie nicht an zu jammern und suchen Sie auf keinen Fall nach fadenscheinigen Alibigeschichten, Sie haben die freie Wahl, folglich wählen Sie das Beste und nicht die Resignation.

Wenn nicht jetzt, wann dann
Da wären wir erneut beim alten Thema. Wenn nicht jetzt, wann dann? Die Zeit, Ihre Lebenszeit läuft und läuft. Was vorbei ist, ist vorbei und kommt nie wieder. Deshalb passen Sie gut auf sich auf. Sie haben ab sofort keine Zeit, sich dem Schmerz hinzugeben und sich dadurch nach Möglichkeit, etliche Monate zu blockieren. Bestimmt nicht, denn in dieser Zeit können Sie intensiv an sich arbeiten, leben und eine großartige, neue Zukunft aufbauen. Sind Sie dabei? Klare Entscheidung, sind Sie ein Gewinner oder ein Verlierer? Als Gewinner sagen Sie klar, konkret, messbar und unmissverständlich „JA!"

Halten Sie durch

Auch wenn Sie exakt in diesem Moment, in welchem Sie die Entscheidung getroffen haben, zu den Gewinnern zu gehören, ein komisches Gefühl beschleicht. Lassen Sie es bitte nicht zu, nie und nimmer. Ihr Ziel ist vorne, weder seitlich noch hinten. Setzen Sie Scheuklappen auf und lassen Sie sich durch nichts, aber gar nichts beirren. Dadurch werden Sie all Ihre Ziele hundertprozentig erreichen und endlich Ihr gewünschtes Leben leben.

Geben Sie nicht auf

Das möchte ich Ihnen nochmals ans Herz legen. Geben Sie nie und nimmer auf. Wer aufgibt, hat verloren. Viele Menschen sind nach einer Trennung nicht mehr klargekommen, teilweise sogar aus dem Leben geschieden. Das kann es wirklich nicht sein, nie und nimmer. Arbeiten Sie an sich und Sie werden, das kann ich Ihnen hundertprozentig versprechen, unendliche Lebensfreude erleben.

Wer aufgibt, hat verloren

Man hat schnell aufgegeben und dies wird Sie ein Leben lang begleiten. Nichts ist es wert, dass Sie Ihr Leben aufgeben. Arbeiten Sie intensiv daran, geben Sie Vollgas. Je schneller Sie es in den Griff bekommen, desto mehr Lebensfreude nennen Sie Ihr eigen.

Sie sind ein Gewinner

Auch hier eine Wiederholung. Sie sind ein Gewinner, auch wenn Sie im Moment sicherlich eher das Gefühl haben, ein Verlierer zu sein. Ihr Partner hat Sie verlassen, das ist schlimm. Aber auf der anderen Seite verfügen Sie über unendlich viel Freiheit, derer Sie sich noch nicht bewusst sind.

Lassen Sie sich von niemandem beirren

Es gibt nette Menschen, die mit Ratschlägen kommen, was Sie tun und lassen sollten. Hören Sie ausschließlich auf sich. Kluge Sprüche und Sonstiges sind bestimmt nicht dienlich. Sie müssen den für Sie optimalen Weg herausfinden und damit konform gehen. Was nützt es, wenn Sie sich zu irgendeiner Handlung hinreißen lassen, die Sie schlussendlich nicht möchten. Wie sagt der Volksmund „Es geht mit Ihnen nach Hause!"

Bleiben Sie stark

Sicherlich kommt im Moment in Ihnen der Gedanke auf, dass ich mich hundertmal wiederhole. Es ist aber nicht zu vergessen, auf dem Pfad der Tugend zu bleiben. Wie schnell haben Sie sich verirrt, das ist eine Sache von wenigen Sekunden. Die Entscheidung sich dem Ganzen hinzugeben, bedeutet das Aus. Sie sind stark und werden es meistern. Sie haben schon mehr in Ihrem Leben geleistet. Sie werden auferstehen, wie Phönix aus der Asche.

Blicken Sie nach vorne

Vorne ist Ihr Leben, nicht hinten. Sobald Gedanken an die Vergangenheit aufkommen, blicken Sie nach vorne. „Das geht nicht" höre ich da häufig. Es geht sehr wohl, Sie müssen nur fest wollen. Entschuldigen Sie bitte, Sie sind doch der Herr über zig Billionen von Zellen. Es wäre wahrlich gelacht, wenn es umgekehrt ablaufen würde. Denken Sie stets daran, einen Schritt nach dem anderen, in eine großartige Zukunft hinein zu schreiten. Wenn Ihr Ex-Partner der Meinung ist, ein Leben ohne Sie verbringen zu wollen, soll er das ruhig tun. Sie kommen auch ohne ihn klar.

Hinter Ihnen ist die Vergangenheit

Das Wort Vergangenheit drückt es bereits aus. Es ist vergangen und kommt nie wieder, nur das zählt. Als wir jung waren, haben wir gesagt, wenn wir einmal älter sind. Jetzt, wo wir vielleicht ein paar Jährchen auf dem Buckel haben, sagen wir, früher war alles besser. Genauso ist es auch in der Partnerschaft. Blicken wir für unsere Arbeit einmal kurz in die Vergangenheit zurück. Notieren Sie alles Negative, was in Ihrer Partnerschaft vorgefallen ist.

1.) _____

2.) _____

3.) _____

4.) _____

5.) _____

6.) _____

7.) _____

8.) _____

9.) _____

10.) _____

Betrachten Sie Ihre Auflistung, das war sicherlich nicht so lustig, oder? Es ist interessant zu sehen, dass sich etliche im Schönreden üben. Da wird die alte Partnerschaft glorifiziert und in den Himmel gehoben, der Partner unter eine Glasglocke gesetzt. Oder das andere Extrem, es wird nur noch gehasst, aus tiefstem Herzen. Betrachten Sie es als einen Lebensabschnitt, mit traumhaften und weniger schönen Momenten, der zu Ende gegangen ist.

Ihr Fazit: _____

Leben Sie im „Hier und Jetzt"

Viele Menschen tun sich leider schwer, in der Gegenwart, im „Jetzt" zu leben. Dabei ist das der einzige Moment, den wir überhaupt haben. Vergangenheit ist vorbei und kommt nie wieder. Die Zukunft, da wissen wir heute noch nicht, ob es diese für uns geben wird. Wir wissen aber, dass wir im „Hier und Jetzt" sind. Leben Sie 98% Ihrer Zeit in der Gegenwart und 2% in der Zukunft, dann liegen Sie genau goldrichtig. Dies wird dazu beitragen, dass Sie ein überaus glücklicher und zufriedener Erdenbürger sind.

Bitte keine Rachefeldzüge

Lassen Sie sich von niemandem hinreißen. Ich habe das schon häufig erlebt und es endete meist in einer Katastrophe. Hass frisst in erster Linie den Sender auf. Hier müssen Sie aufpassen, dass Sie nicht hineingeraten, das wäre das Schlimmste. Auch wenn viele um Sie herum meinen „Das hast du nicht nötig, musst du dir nicht bieten lassen. Wehre dich, kämpfe!" Denken Sie daran kämpfen, ist Krampf.

Das haben Sie nicht nötig
Prägen Sie sich diesen Satz fest ein. Versuchen Sie stets, falls es um Güter oder Kinder geht, das Ganze in Frieden zu regeln. Selbst wenn es in Ihnen anders ausschauen mag. Denn wenn angefangen wird zu streiten, verdüstert sich die Welt sehr rasch. Wenn es nicht anders geht, kann man immer noch aufrüsten und weitere Maßnahmen mit einbeziehen, doch bitte nie von Anfang an.

Das schadet Ihnen am meisten
Das ewige Aufwärmen der alten Suppe. Die ewigen Erinnerungen und das Schmieden der Rache. Auch wenn einige Ihrer Freunde das vielleicht für witzig halten könnten. Es ist immer nett, seine Abartigkeiten auf Kosten eines anderen auszuleben. Sicherlich glauben Sie das im Moment nicht ganz. Es ist in der Tat immer wieder das Gleiche. Denken Sie positiv, sehen Sie das Gute im Menschen und denken Sie daran, dass es auch eine andere Seite gibt. Schlimm? Nein, man muss es nur wissen und nicht blind durchs Leben laufen.

Bleiben Sie cool
Enorm wichtig, lassen Sie sich zu nichts hinreißen. Wenn es noch so schwer fallen sollte, stehen Sie über der Sache. Kämpfen ist keine Stärke, sondern Schwäche. Wenn auch die Meinung auseinan-

der geht und manche sagen, was das für ein Schwachsinn ist. Ihr Leben ist zu kostbar, um sich auf solche Spiele einzulassen. Passen Sie daher gut auf sich auf, hören Sie in sich hinein.

Schauen Sie nach vorne
Gehen Sie gezielt vor, behalten Sie die Übersicht. Wenn Sie diese verlieren, haben Sie gänzlich verloren. Geben Sie nie das Zepter aus der Hand. Sie zahlen schlussendlich auch den Preis bei der Angelegenheit.

Lassen Sie sich von niemandem aufhetzen
Nie und nimmer, es gibt Menschen, die lieben es leidenschaftlich Feuer zu schüren, übel ist dies. Würde es das auf dieser Welt nicht geben, hätten wir mehr Frieden. Wenn jemand versucht, Sie negativ zu beeinflussen, verbieten Sie sich das unverzüglich. Nehmen Sie sich in acht, vor solchen negativen Leuten.

Frieden schafft Frieden
Das ist eine altbekannte Tatsache und wird dennoch wenig eingehalten. Das Thema „Hauen und Stechen" ist zur Lieblingsbeschäftigung geworden. Jetzt kann man behaupten, dass die Menschen unheimlich intelligent sind und dennoch wird sich häufig benommen, wie im finsteren Mittelalter. Die Kriegsmentalität sein eigen zu nennen, ist nicht von Ehre. Krieg zieht Krieg nach sich. Man kann natürlich seinen gesamten Lebensinhalt darauf aufbauen und dafür leben. Ob das ein Leben sein kann, ich weiß es nicht, für mich bestimmt nicht.

Harmonie bringt Harmonie für den Verursacher
In Harmonie durch die Welt zu gehen, ist ein glücklich machendes Gefühl, da kommt Freude auf. „Was nützt es, wenn ich mir dies wünsche und mein Gegenüber nicht!" Lassen Sie sich nicht beirren, denn in dem Wort ist klar das „Irren" enthalten. Als Irrer durch die Welt zu schreiten, ist sicherlich nicht schön.

Gute Freunde

Wer vernünftig ist, arbeitet auf totale Schadensbegrenzung. Alle anderen freuen sich über einen größeren Schaden. Schadenfreude ist bekanntlich die größte Freude des Menschen. Nun, das hängt stets davon ab, womit man seinen Lebensinhalt verbringt und was einem wichtig ist. Ich habe das häufig, vor allem bei Frauen erlebt, die regelrecht einen Pakt schließen. Einen Kriegsfeldzug planen und durchführen. Bei Scheidungen treten sie sogar gemeinsam vor Gericht auf. **„Rache frisst Hirn!"** Das ist bedenklich und vor allem ungesund.

Anwälte lieben Scheidungen

Vor allem, wenn etwas zu holen ist. Scheidungsschlachten pflastern die Wege zu den Gerichten. „Mache dir keine Sorgen, ich kenne einen guten Anwalt!" Es gilt stets zu bedenken, dass jeder Anwalt, möge er noch so gut sein, auch nur mit Wasser kocht. Das ist die Ausgangsbasis. Dazu gibt es die berühmte Aussage **„Vor Gericht und auf hoher See, ist man in Gottes Hand!"** Richter entscheiden, wie sie denken, und sind darin völlig frei. Wenn Ihr Gegenüber nicht gerade kooperativ ist, es um Kinder und womöglich noch um materielle Güter geht, streben Sie bitte eine außergerichtliche Lösung an. Engagieren Sie einen Anwalt, der das unterstützt und keinen Streithahn. Da kann ich Ihnen einige, nette Episoden erzählen.

Sie bezahlen die Zeche

Sie werden zur Rechenschaft gezogen, bezahlen so oder so. Da ist es angenehmer, die Dinge im Vorfeld zu regeln. Erstens kostet es weniger Zeit, Nervenkraft und Geld. Auch wenn Ihnen Ihr Umfeld vielleicht das Gegenteil berichtet. Stützen Sie sich nicht auf Aussagen von einzelnen Personen, die dank dem Kämpfen gewonnen haben. Von all den anderen Fällen, die eine riesige Bauchlandung hingelegt haben, erzählt Ihnen kaum jemand etwas. Man gibt es ungern zu, dass man eine Niederlage erlitten hat.

Ich bin einsam

Sie sehen, kaum haben wir über das eine gesprochen und Sie haben es einigermaßen im Griff, taucht bereits das nächste Problem auf. So ist das nun einmal in unserem Leben. Von einem Problem ins andere. Das ist nicht schlimm, solange Sie souverän sind und nach dem Erfolgsprinzip handeln. Von einem Problem in die Lösung und dann ins nächste Problem. Genau hier liegt der Haken, dass die meisten nicht an die Lösungen denken.

Sind Sie wirklich einsam

„Ja, natürlich bin ich einsam!" Klar, wenn ein Partner nicht mehr da ist, entsteht eine große Lücke. Sie gehen abends ins Bett oder stehen morgens auf, keiner ist da. So zieht sich das wie ein roter Faden, durch die nächsten Tage und Wochen. Vielleicht werden es sogar Monate. Dennoch ist es gut zu wissen, dass Sie in letzter Konsequenz doch nicht alleine sind. Sie haben nur niemanden in unmittelbarer Nähe.

Wie viele Menschen kennen Sie

Lassen Sie uns gemeinsam anschauen, wie viele Menschen Sie insgesamt näher kennen. Es sind meist mehr als gedacht. Notieren Sie die Namen.

_____   _____

_____   _____

_____   _____

_____   _____

Was denken Sie jetzt? Vielleicht sogar, dass dies ein Blödsinn ist, weil es sich nicht um den Partner handelt. Es geht in erster Linie darum, dass Sie sehen, dass Sie wirklich nicht alleine auf dieser Erde sind und unzählige Menschen kennen.

Ihr Fazit: _____

Sind das wenige oder viele Menschen

Wenn Sie kurz Revue passieren lassen, sind das viele oder wenige Menschen? Im Schnitt kennt ein Mensch an die 600 Personen. Folglich reicht die Liste nicht aus. Sie haben nun zumindest einen kleinen Überblick erhalten. Wenn Sie Lust haben, vergrößern Sie die Liste einfach.

Einsamkeit fängt im Kopf an

Wie alles im Leben, fängt es zuerst im Kopf an. Das ewige Gerede der Einsamkeit ist in der Tat eine Farce. Einsamkeit kann man sofort durchbrechen, in dem man dort hingeht, wo Menschen sind. Es gibt überall Möglichkeiten, sich anzuschließen. Sei es im Cafe, auf einem Vortrag, Seminar, Kurs und vielen weiteren Dingen. Man muss sich natürlich dabei bewegen, denn wenn man Zuhause sitzt und wartet, dass es plötzlich an der Tür klingelt und jemand sagt „Hallo ich bin hier, damit sie nicht so einsam sind," das ist absurd.

Arbeiten Sie dagegen

Wenn solche Gefühle auftauchen, arbeiten Sie sofort mental dagegen, das dürfen Sie nicht zulassen. Sie sind nicht einsam, nie und nimmer. In Ihrer Wohnung ist es ein wenig ruhiger geworden, weil Ihr Partner Sie verlassen hat. Ansonsten sind Sie, wenn Sie es zulassen, wunderbar in ein soziales Netzwerk eingebunden. Die neue Freiheit zu genießen, ist durch nichts zu ersetzen. Es ist für Sie ein völlig neuer Lebensabschnitt, genießen Sie ihn. „Ich habe keine Lust, es mir schön zu reden" ist oft die Botschaft darauf. Welch negative Ausstrahlung, Sie können wählen, ob Sie an das Positive oder lieber an das Elend denken.

Sie sind nie einsam

Nochmals zu Ihrer Wiederholung, Sie sind nie und nimmer einsam. Sie stehen mitten im Leben, mit unendlichen Möglichkeiten, schöpfen Sie diese aus. Der Lebenspendel schlägt im Moment nur einmal in die andere Richtung. Lange Zeit, mit einem Partner eng zusammen in einer Gemeinschaft und jetzt ohne.

Es liegt an Ihnen

Sie können zu jeder Zeit, sich für das Positive, Lebensbejahende entscheiden oder gegen das Leben. Das Leben per se ist aufbauend, motivierend und vor allem absolut positiv. Es sind wir Menschen, die daraus stets ein großes Drama machen. Schade und unnötig, was hier geschieht.

Ihre Erfolgsformel Z + P + T + K

Es gibt eine wunderbare Erfolgsformel, die lautet Z+P+T+K. Ich bin mir hundertprozentig sicher, dass Sie diese bereits kennen. Sei es, weil Sie meine Bücher gelesen haben, oder diese Formel selbst anwenden. Es ist kein Geheimnis und wird von jedem angewendet. Meistens unbewusst und so überlässt man vieles dem Zufall. Zufall ist immer Zufallsprinzip und das ist leider schlecht. Es ist das, was übrig bleibt. Die Auswahl ist dadurch nicht frei wählbar. Lassen Sie es uns gemeinsam anschauen und daran arbeiten. Auch wenn Sie es schon in anderen Büchern gelesen haben sollten, gehen Sie es wieder durch, denn die Dinge ändern sich aus dem eigenen Leben heraus.

Z steht für ZIELE

Bevor irgendetwas passiert, haben Sie es zuerst im Kopf, als erstes ein Ziel. Oder haben Sie schon einmal erlebt, dass Sie Zuhause waren und plötzlich beim Einkaufsbummel? Bestimmt nicht, da hatten Sie in den eigenen vier Wänden die Idee, zum Einkaufen zu gehen und das haben Sie auch gemacht. Ohne Ziel tut sich nichts, da nützt das schönste Wunschdenken nichts.

Wie müssen Ziele sein

Ziele müssen klar, konkret, messbar und unmissverständlich sein. Häufig sind sie das nicht, ungenaue Ziele ergeben nichts. Dann kommt der kluge Spruch zum Tragen „Erstens kommt es anders und zweitens als man denkt!" Das ist natürlich Blödsinn. Doch lassen Sie uns gemeinsam eins nach dem anderen anschauen. Bevor wir das Ganze vertiefen, schreiben Sie bitte Ihre Ziele auf. Denken Sie an das klar, konkret, messbar und unmissverständlich.

1.) _____

2.) _____

3.) _____

4.) _____

5.) _____

6.) _____

7.) _____

8.) _____

9.) _____

10.) _____

Wie war es für Sie? In der Regel ist es, wenn man sich das erste Mal damit beschäftigt, nicht leicht die Dinge klar auf den Punkt zu bringen, dennoch das Entscheidende. Denn ohne dieses Vorgehen, kommt es zu keinen oder ungenauen Ergebnissen.

Ihr Fazit: _____

Überprüfen Sie nochmals Ihre Zielsetzung

Wie sind Sie vorgegangen? Nach welchen Prinzipien haben Sie es aufgeschrieben? Kommen Ihre Ziele aus tiefstem Herzen oder mussten Sie intensiv danach suchen? Wenn Sie jeden einzelnen Punkt durchgehen, ist dieser klar, konkret, messbar und unmissverständlich? Ich glaube es nicht! Denn wenn man die positive Kraft der Suggestionen nicht kennt, hat es auch keinen Sinn. Da werden Dinge gewünscht, wie genügend Geld? Was ist das für eine Aussage? Wenn Sie es genau betrachten, wünschen Sie sich genügend Geld und wie viel ist genügend? Genau, nur genügend und genügend ist zu wenig. Wie viel Geld haben die meisten Menschen? Genügend, das heißt zu wenig. Der richtige Weg ist „Ich habe jeden Monat € 10.000,- zur freien Verfügung!" Darauf kann aufgebaut und geplant werden. So machen Sie es mit allen anderen Dingen auch, die Sie sich wünschen.

P steht für PLANUNG

Wenn man endlich weiß, was man will, folgt die Planung, ohne diese läuft nichts. Richtig geplant werden kann aber nur, wenn man weiß, was. Nehmen wir als Beispiel Ihren Traum, ein Haus zu bauen. Wunderbar, aber was für ein Haus? Häuser gibt es unzählige. Von kleinen, unscheinbaren mit wenigen Zimmern, bis hin zu riesigen Villen. Da müssen Sie dem Architekten schon genau sagen, was Sie sich vorstellen, damit dieser es visuell darstellen kann, sonst hat er keine Chance.

T steht für TUN

Nach der Planungsphase kommt die wichtige Umsetzung. Viele kommen leider nie über diesen Bereich hinaus. Erkennen Sie sich? Wenn ich mein Leben anschaue, habe ich schon vieles geplant und je länger es gedauert hat, desto mehr Zweifel, Skepsis und daraus resultierende Ängste sind entstanden, das war es dann. Es gibt aber die wunderbare 0-Std.-Regel, die aussagt „Fange innerhalb dieser Zeit an!" Wie oft höre ich darauf „Man muss es aber gut planen, damit nichts schief läuft!" Das sind die berühmten Theoretiker und Perfektionisten.

"Just do it" heißt die Devise

Auch wenn das in unseren Breitengraden ziemlich verpönt ist. Da braucht es für alles, eine jahrelange Ausbildung. Um dann langsam ins Praxisleben einzusteigen und feststellen zu dürfen, dass die Praxis noch weit von der Theorie entfernt ist. Folglich schenken wir uns für manches einfach die Zeit. Da taucht die Frage auf, was haben Sie denn geplant? Möchten Sie einen neuen Partner oder versuchen den alten zurückzuholen? Das sind Fragen, die zügig zu beantworten sind. Näheres darüber im nächsten Kapitel.

Learning by doing

Das ist die beste Devise. Lernen durch Tun, führt am schnellsten zu Ergebnissen. Alles andere ist oft eine reine Farce und davon haben wir genug gehabt. Ich bin erschüttert, wie viele unerkannte Genies auf den Friedhöfen liegen, weil sie es zeitlebens vergessen haben, anzufangen. Vielleicht finden Sie das jetzt makaber. Denken Sie einmal darüber nach. Was wollten Sie schon alles anfangen und was haben Sie verwirklicht? Doch nur Bruchteile, außer Sie gehören zu den Top-Leuten, die rasend schnell sind. Das sind im Schnitt circa 2% der Menschheit, die zu schnellen Entscheidungen gelangen.

Verschieberitis, eine schlimme Krankheit

Das kennen Sie sicherlich, nicht heute, nicht morgen, aber bald. So vergeht die Zeit, eines Tages fühlen wir uns alt und haben die wunderbare Alibichance, genau dies kundzutun. Das ist fatal, um nicht zu sagen sogar makaber. Wenn Sie das Thema näher interessiert, lesen Sie mein Buch „Hast du auch diese schlimme Krankheit Verschieberitis?"

K steht für KONTROLLE

Am Ende der Fahnenstange steht die Kontrolle. Wer es bis dahin geschafft hat, gehört zu den rühmlichen Ausnahmen. Die meisten erreichen den Punkt nie, da klemmt es schon an den Wünschlein, spätestens bei der nie endenden Planung. Beim Tun wird es noch schwieriger. An die Kontrolle denkt kaum keiner, dabei ist das so elementar. Erst diese ermöglicht uns, die genaue Position zu überprüfen und einen Fort- oder Rückschritt feststellen zu können.

Sie fühlen sich kraft- und mutlos

Das ist ein völlig normaler Bereich, in den Sie hin und wieder hineinkommen können. Frage ist, wie lange das anhält? Denn je länger es dauert, desto schlechter für Sie. Der Gewohnheitseffekt tritt relativ rasch ein. Da rutscht das Ganze noch in die Komfortzone ab und das war es. Genau hier heißt es für Sie, aufzupassen.

Ohnmacht

Ohnmacht, welch ein komisches Gefühl. Ich bezeichne das gern als das schleichende Nervengift, welches von uns Besitz ergreift, kein gutes Gefühl. Bevor wir hier jedoch weiter schreiben, wollen wir die Punkte festhalten, getreu dem Motto

„**Gefahr erkannt - Gefahr gebannt!**"

Schreiben Sie auf, was Sie im Moment zu diesem Thema spüren.

1.) _____

2.) _____

3.) _____

4.) _____

5.) _____

6.) _____

7.) _____

8.) _____

9.) _____

10.) _____

Wie fühlt sich das an? Als ich damals das erste Mal diese Aufgabe durchgeführt habe, fühlte ich mich danach noch viel schlechter. Dabei ging es mir gar nicht so schlecht. Der Partner war weg und es tat sich eine riesige Lücke auf, unter der ich lange gelitten habe. Damals hatte ich kein System, damit umzugehen. Da ging es noch nach dem Prinzip

„Die Zeit heilt Wunden!"

Nur, das dauert viel zu lange. Wenn ich da an so manche denke, die das teilweise zeitlebens nicht überwunden haben.

Ihr Fazit: _____

Selbstmordgedanken

Das möchte ich vertiefen, an sich selbst einen Mord zu verüben, bitte nein, das kann es wahrlich nicht sein. Auch wenn Sie vielleicht im Moment kein Land sehen, um Sie herum alles schwarz in schwarz ist. Den Fokus Selbstmord müssen Sie sofort aus Ihrem Blickwinkel bekommen. Das ist das Letzte und schon gar nicht wegen einem anderen Menschen. Das ist und kann er nie wert sein, dass Sie deswegen Ihr Leben wegwerfen. Eines kann ich Ihnen versprechen, auf Sie warten noch wunderbare Zeiten. Im Moment ist es sicherlich schwer, dies zu glauben. Es gibt Menschen auf dieser Erde, die freuen sich darauf, mit Ihnen eine Beziehung einzugehen. Nur, wenn Sie diese Welt verlassen, werden Sie das leider nie erfahren, das wäre traurig.

Sollte es nicht mehr gehen

Helfen Sie sich nach der alten Methode „Nur noch einen einzigen Tag!" Das hört sich banal an, hilft aber ungemein. Schauen wir uns die Situation an. Wenn Sie an Ihren Gedanken festhalten, dass es ein Leben lang so sein wird, dieser Gedanke ist schrecklich. Er ist kaum auszuhalten. Wenn Sie sich jedoch sagen

„Nur noch einen Tag"

dann ist das überschaubar. Einen Tag lang kann man es sicherlich aushalten. Lachen Sie nicht darüber oder verniedlichen diese Methode. Bevor Sie das tun, sollten Sie es anwenden. Am nächsten Tag sagen Sie sich wieder, nur noch einen Tag. So angeln Sie sich permanent weiter nach vorne. Je mehr Tage Sie überleben, desto besser und leichter wird es. Spielen Sie jedoch bitte nie und nimmer mit dem Suizidgedanken.

Weinen Sie

Auch das nochmals zur Wiederholung. Weinen Sie, tun Sie es, bis Sie das Gefühl verspüren, dass nichts mehr da ist, das tut Ihnen gut. Weinen befreit die Seele und das brauchen wir alle. Wer nicht weinen kann, ist ein armer Mensch, Sie müssen keine Härte zeigen. Lassen Sie Ihren Gefühlen freien Lauf, dann geht es Ihnen hundertprozentig besser.

Seien Sie zornig

Zorn gibt unendliche Power, Lebensmut und hilft die Geschichte schneller zu verarbeiten. Wie sagt der Volksmund dazu treffend "Einen gesunden Zorn zu haben, tut sehr gut," und hilft das Dilemma besser zu verarbeiten.

Wie geht es weiter

Das ist die elementare Frage, der wir uns stellen. Bitte nicht hingehen und sagen „Das weiß ich doch nicht!" Das ist kindisch und trotzig, bringt Sie nicht voran. Denken Sie an die Erfolgsformel. Nur wer weiß, was er will, wird auch das bekommen, was er will.

Wie soll es mit Ihnen weitergehen

Sie haben Tausende von Möglichkeiten und dürfen frei wählen. Haben die große Chance, frei zu sein. Keinen Partner mehr, mit irgendwelchen Verpflichtungen. Welch eine neue Ausgangsbasis, schreiben Sie auf, wie es weiter geht

1.) _____

2.) _____

3.) _____

4.) _____

5.) _____

6.) _____

7.) _____

8.) _____

9.) _____

10.) _____

Wenn Sie nun denken, es gibt keinen Weg mehr für Sie, es gibt immer Möglichkeiten. Mit Ihrer Kooperation ist das zu schaffen. Wie fühlt es sich für Sie an? Wann wollen Sie damit anfangen?

Ihr Fazit: _____

Möchten Sie glücklich oder traurig sein
„Welch blöde Frage!" höre ich darauf oft. Klar, wenn man sich vom Schicksal abhängig glaubt, ist es tatsächlich so. Dann sind Sie im Bann und nicht selbst gesteuert. Dadurch haben Sie keine Chance, ein selbstbestimmtes Leben zu führen. Was das Schönste ist, was es überhaupt gibt. Wie es das Wort ausdrückt, Sie selbst bestimmen, was Sache ist und was nicht. Sie sind nicht auf irgendwelche äußeren Einflüsse angewiesen, nie und nimmer. Das macht Sie frei und zugleich glücklich. Letztlich ist es auch einer der Wünsche, die die Menschen haben. Endlich frei und unabhängig zu sein. Um dahin zu gelangen, muss man aber an sich arbeiten. Es ist wie alles, kein Geschenk des Himmels. Noch fehlt Ihre Antwort hierauf. Was möchten Sie sein? Wenn Sie unglücklich und traurig sein möchten, leben sie so weiter. Wenn Sie jedoch das Gegenteil davon haben möchten, seien Sie bereit alles dafür zu tun, um dahin zu gelangen.

Möchten Sie Ihren Partner zurückhaben
„Kommt darauf an. Nein! Ja, liebend gern!" Und viele weitere nette Aussagen. Was möchten Sie exakt? Den Partner zurückhaben wollen, ist eine Sache, die Sie nicht für sich alleine beantworten können. Es braucht den Gegenüber hierzu, das macht es komplexer. Die Dinge, die Sie für sich alleine entscheiden können, sind da fast ein Kinderspiel. Nochmals zur Frage, was möchten Sie jetzt? Seien Sie dabei weder trotzig noch euphorisch, sonst könnte womöglich die nächste, herbe Enttäuschung ins Haus schneien. Davon hätten wir bereits genug gehabt. Wir sprechen nachher in einem extra Kapitel darüber.

Möchten Sie einen neuen Partner
„Das kann ich im Moment nicht sagen!" Selbstverständlich empfinden Sie zurzeit Schmerz. Aber das Leben geht weiter, ob mit oder ohne Partner. Ohne ist es schön und mit auch. Machen Sie sich im Vorfeld Gedanken, in welcher Form Sie eine neue Partnerschaft eingehen möchten. Auch wenn die Zeit dafür überhaupt noch nicht reif ist. Lassen Sie uns dies gemeinsam, im übernächsten Kapitel anschauen, eine spannende Angelegenheit.

Fragen über Fragen, die nur Sie beantworten können
Alles hat wie immer, mit Ihnen zu tun, Sie sind der Herr über sich. Sie entscheiden, wohin der Weg geht, Sie und niemand anders. Das ist die wunderbare Ausgangsbasis, von der ich jeden Tag aufs Neue begeistert bin. Bitte packen Sie es an und trödeln nicht.

Den alten Partner zurückholen

„Außer Sauerkraut sollte man nichts aufwärmen!" Kluge Sprüche, die wenig helfen. In erster Linie müssen Sie für sich zu einer Entscheidung gelangen, ob Sie das überhaupt möchten oder eher nicht. Da benötigen Sie keine klugen Sprüche, von irgendwelchen Menschen, von wegen „Tue es oder nicht!" Sie entscheiden, damit hat es sich, denn Sie werden diese Entscheidung tragen müssen.

Ja oder Nein

Das große Spiel, soll ich oder soll ich nicht. Sie können an Ihren Knöpfen abzählen und zu einem Entschluss gelangen. Wie es das Wort „Entschluss" bereits aussagt, das Ende und der Schluss davon. Darum machen Sie nicht den Fehler und gehen womöglich jahrelang damit schwanger, ob Ja oder Nein. Diese selbst inszenierten Unsicherheiten zermürben und Sie brauchen doch Ihre Energie für essenzielle Dinge des Lebens. Sie müssen nicht heute eine Entscheidung treffen, aber bitte in den nächsten 48 Stunden.

Lohnt sich das

Wenn ich das schon höre. Fragen Sie zehn Leute und Sie haben zehn verschiedene Meinungen. Dann dürfen Sie frei wählen, nett, oder? Was ist in dem Wort „Lohn" enthalten? Es ist der Lohn für die gesamte Mühe, für Ihr Engagement und das können Sie zum guten Glück entscheiden, ob sich das lohnt oder nicht.

Was wäre, wenn

Was wäre, wenn Ihr Partner zurückkommen würde. Schreiben Sie alles auf, was Ihnen dazu einfällt. Ganz ehrlich und bitte nichts beschönigen oder weglassen. Wahrheit und Klarheit ist das oberste Gebot der Stunde.

1.) _____

2.) _____

3.) _____

4.) _____

5.) _____

6.) _____

7.) _____

8.) _____

9.) _____

10.) _____

Kommt Freude in Ihnen auf, oder beschleicht Sie eher ein komisches Gefühl? Würde es Sie bereichern oder ins Elend stürzen? Egal, was es tut, halten Sie dieses Gefühl fest. Denn jetzt haben Sie die Chance, vom sogenannten grünen Tisch aus zu planen und zu fühlen. Sollten Sie mitten drin sein, fehlt völlig die Objektivität. Wichtig ist, dass Sie von Herzen sagen können „Toll und wunderbar!" Wenn gewisse Ressentiments zurückbleiben, lassen Sie es lieber. Denn die nächste Bauchlandung ist vorprogrammiert und diese können Sie sich schenken, meinen Sie nicht auch?

Ihr Fazit: _____

Was wäre, wenn nicht
Wie verhält es sich, wenn nicht? Wie geht es Ihnen dabei? Auch

hier wollen wir bitte ehrlich sein. Das hilft uns in späteren Zeiten, in denen wir womöglich genau da hineinrutschen. Super, wenn wir sofort nachlesen können, zu welchen Entscheidungen wir damals gelangt sind. Halten Sie es fest.

1.) _____

2.) _____

3.) _____

4.) _____

5.) _____

6.) _____

7.) _____

8.) _____

9.) _____

10.) _____

Macht es Sie traurig oder eher glücklich? Vielleicht sogar euphorisch? Fixieren Sie es unbedingt, es hilft, zu einer klaren Entscheidung zu gelangen.

Ihr Fazit: _____

Wenn ja, bestimmen Sie die Spielregeln

Wenn es soweit kommen sollte, dass Ihr Ex-Partner zu Ihnen zurückkehren möchte und Sie dazu bereit sind, bitte nicht zu den alten Spielregeln. Dann ist es Ihre große Aufgabe, neue Spielregeln aufzustellen. Vielleicht finden Sie das im Moment komisch oder absurd. Nach dem Prinzip „Ich muss doch so froh sein, wenn er wieder zurückkehrt!" Sie können das ruhig, aber bitte mit einer gewissen Reserviertheit. Wenn Sie wieder Feuer und Flamme sind, ist das eine Schwäche Ihrerseits und führt in der Regel zu demselben Dilemma. Denn aus irgendeinem Grund, hat Sie Ihr Partner verlassen. Also begehen Sie nicht wieder den gleichen Fehler, das wäre töricht und fatal. Notieren Sie sofort Ihre neuen Spielregeln. Selbst wenn Sie ihn nicht mehr zurückhaben möchten, dient es als Übungsfeld für eine neue Beziehung.

1.) _____

2.) _____

3.) _____

4.) _____

5.) _____

6.) _____

7.) _____

8.) _____

9.) _____

10.) _____

Wichtig ist, nicht zurückgehen, als wäre nie etwas gewesen. Nach dem Motto „Ich bin ja so glücklich, dass wir wieder zusammen sind!" Sie können selbstverständlich glücklich sein, jedoch mit einer gewissen Distanz. Wenn Sie sich öffnen, der andere nur aus Langeweile zu Ihnen zurückkommt oder weil es im Moment nicht gerade so läuft, wie er es sich vorgestellt hat, werden sie nach kurzer Zeit wieder abgeschossen. Wer es schon einmal gemacht hat, hat die Tendenz in sich, es erneut zu tun. Lassen Sie sich nicht auf irgendwelche Beteuerungen ein.

Ihr Fazit: _____

Was ist, wenn der Ex-Partner nicht mitmacht

Das ist auch völlig in Ordnung, soweit müssen Sie in Ihrer Arbeit sein. Ihre große Aufgabe dabei ist, gleich den Marktwert zu analysieren, das lesen Sie im nächsten Kapitel. Nicht hoffen und warten, ob es klappen möge, um dann vollends baden zu gehen. Denn so viele Schockerlebnisse verkraftet auch die stärkste Seele nur bedingt. Folglich manövrieren Sie sich nicht irgendwo hinein.

Bleiben Sie auf jeden Fall Herr oder Frau im Ring

Sie sorgen dafür, dass Sie nie mehr das Zepter aus der Hand geben. Das mag sich für den einen oder anderen von Ihnen abgedroschen anhören, ist es aber nicht. Wir gehen nur mit Verstand und Herz durchs Leben und nicht mit einer rosaroten Brille, das ist alles. Je schneller man solche Dinge begreift, desto angenehmer wird das Leben.

Einen neuen Partner organisieren

Was ist zu tun? Eines hat sich bewährt, den Markt zu sondieren und zu überprüfen, was er hergibt. Durch den Schock fühlen sich die meisten unattraktiv. Tief im Inneren schlummert die Meinung, dass es schwer werden wird, einen neuen, passenden Partner zu finden. Genau hier benötigen Sie Erfolgserlebnisse, das steigert das Selbstbewusstsein ungemein.

Wenn Sie Ihren Ex-Partner zurückhaben möchten
Begeben Sie sich erst recht auf den Weg. Das Schlimmste ist, sich in den eigenen vier Wänden zu verkriechen und zu warten, dass eventuell der ehemalige Partner zu Ihnen zurückkommen wird. In der Regel bleibt das Engagement nicht verborgen und da besteht die Chance, dass noch etwas ins Klingen gebracht wird. Wenn nicht, haben Sie wenigstens keine Zeit verloren. Wie denken und handeln Erfolgreiche „Das eine tun und das andere nicht lassen!" Wenn Sie nach diesem Prinzip vorgehen, liegen Sie richtig.

Ihre Erfolgsstrategie
Es gibt natürlich viele Wege, die nach Rom führen. Lassen Sie uns gemeinsam einige anschauen. Letztlich hat jeder Vor- und Nachteile. Sie können selbstverständlich auch parallel fahren, tun Sie jedoch etwas.

Mit Freunden um den Block ziehen
Das ist eine Möglichkeit, damit Sie nicht alleine zu Hause sind. Die Gefahr, dass dabei gehetzt wird, ist groß und das tut Ihnen nicht gut. Denn die Dinge sind im Moment so, wie Sie sind. Eine weitere Situation, oft geht man mit einem Erfolgsdruck an die Sache heran. Sie suchen einen neuen Partner, und wenn es keine Erfolgsbilanz an dem Abend gibt, zieht Sie das hinunter. Denn Ihr

Selbstbewusstsein strotzt nicht gerade. Oder die Freunde versuchen Sie zu verkuppeln, das nimmt meist groteske Formen an.

Ü 30 Partys
Nun denn, wer es mag. Ich war einige Male zu Studienzwecken dort, um zu sehen, was da passiert. Ob dies der richtige Ort für solch ein Vorhaben ist? Vielleicht für eine Einmalnummer, sicherlich kein Problem. Für eine feste Partnerschaft, das bezweifle ich eher. Wenn Sie natürlich Spaß an Partys und Feiern haben, werden Sie sich bestimmt wohlfühlen.

Discos und sonstige Nightclubs
Kommt darauf an, wie alt man ist. Ob das Abtanzen bis in die Puppen, Ihr Fall ist. Da gibt es auch Orte für das ältere Publikum. Hier hängt es stark von Ihrer eigenen Positionierung ab. Wichtig ist bei allem, dass Sie ohne Erfolgszwang hingehen. Wenn Ihnen jemand begegnet, Sie nicht gleich anfangen, die Person mit dem Ex-Partner zu vergleichen, das ist unklug. Wenn Sie es fertigbringen, sich entspannt und locker zu zeigen, wunderbar.

Single-Treffs
Die gibt es in den verschiedensten Variationen. Hart finde ich, wenn man hingeht und hofft, endlich jemanden zu finden und es geht schief. Letztlich ist es bei allen anderen Aktivitäten genauso. Da wiederholt man es und plötzlich entwickelt sich daraus eine verhängnisvolle Spirale. Der Mechanismus des Negativen, greift immer weiter um sich. Es brennt sich womöglich tief in Ihrer Seele ein, dass Sie keinen Partner finden. Dadurch wird es tatsächlich nicht gelingen. Ich kenne von unserem Partnerschafts-Coaching etliche, und hier vor allem Frauen, die seit Jahren alle Nummern fahren, mittlerweile resigniert haben. Das ist traurig und müsste mit einem gesunden Umgang nicht passieren. Dort trifft man meist die gleichen Menschen und vereint sich zu einem Schicksalspakt. Gemeinsam gelitten und gegen die ganze Welt.

Anzeigen schalten
In der Hoffnung, dass sich möglichst viele melden werden. Dies ist leider nicht der Fall und eher frustrierend. Zudem kostet eine Anzeige einiges an Geld. Diese muss man um Erfolg zu haben, regelmäßig schalten.

Eheanbahnungs-Institute
Oder so ähnlich im Namen. Nun denn, das machen etliche, weil Sie gerne die Arbeit abgeben. Nach dem Motto „Hallo, ich habe da ein Problem, mach du mal für mich!" Die Meinungen gehen auch hier auseinander. Es gibt einige, die sind begeistert und andere sagen „Außer Spesen nichts gewesen." Es gibt unendlich viele Anbieter auf dem Markt und entsprechend unterschiedlich, sind die Bedingungen und Kosten.

Internet-Plattformen
Das finde ich eine coole Art, gemütlich von Zuhause aus sich zu engagieren. In den eigenen vier Wänden, schöne Musik, ein Gläschen bei Kerzenschein, vielleicht nebenbei noch TV, surfen Sie durchs weltweite Netz. Dort finden Sie unendlich viele Plattformen. Das ist der pure Wahnsinn, Sie haben eine immense Auswahl. Das Feld ist so riesig, dass im Herbst 2014 ein Buch mit dem Titel erscheint „Erfolg auch für dich in der Partnerschaft, dank dem Internet!" Hier gehe ich eingehend, auf die vielen verschiedenen Möglichkeiten ein. Probieren Sie zum Spaß einige Plattformen aus.

Am besten nehmen Sie jede einzelne Plattform unter die Lupe. Sie erhalten in der Regel ein paar Tage, einen kostenlosen Zugang, testen Sie diesen ausgiebig. Wichtig ist bei dieser Arbeit, dass es vorab in der Anonymität geschieht, das heißt, Ihre Privatsphäre bleibt so lange geschützt, wie Sie das wünschen. Wichtig ist dabei, dass Sie möglichst viele Menschen kontaktieren, nicht nur einen und in der Hoffnung leben, dass es passt. Es ist wie auf einem großen Basar, Angebot und Nachfrage wechseln sich ab, darum seien Sie sehr aktiv. Planen Sie täglich eine halbe Stunde Zeit ein. Dadurch kommt eine gewisse Eigendynamik hinein. Beachten Sie, es wird nicht jeder antworten und wenn, heißt das nicht, dass es weitergeht. Deshalb sollten Sie etliche Eisen im Feuer haben.

Bestellungen aus dem Katalog
Das ist vor allem bei Männern beliebt. Sie schauen sich im Internet, auf den verschiedensten Plattformen um. Melden sich an und können Fotos, von den unterschiedlichsten Frauen sehen. Je nach System bezahlen Sie für die Adressen der Frauen und kontaktieren diese, oder man macht es direkt für Sie. Hier heißt es natürlich, wie bei vielen Dingen, mit wachen Augen durch die Welt zu gehen. Manche meinen, das wäre völlig verpönt und so etwas würden sie nie tun. Da kann ich nur dagegen halten, abwarten, denn sie wissen nicht, was noch kommt. Wenn die Menschen glücklich sind, ist es völlig in Ordnung, um das geht es. Und die Moralapostel, die sich gerne als sogenannte Sittenwächter aufspielen wollen, sollen gut aufpassen, dass ihre eigene Kiste nicht plötzlich zusammenbricht.

Partnerschafts-Coaching
Bei allen Abschnitten ist eines jedoch nicht gemacht worden, intensiv in die Zielsuchung investiert worden. Wir suchen jeweils nur nach einem Partner, nicht mehr und nicht weniger. Wir werden mit Sicherheit wieder einen finden, das ist kein Problem. Es ist nur eine Frage der Zeit. Sie erinnern sich vielleicht noch, wie Ziele sein müssen? Klar, konkret, messbar und unmissverständlich, das ist die Herausforderung. Wenn Sie sich nicht hundertprozentig sicher sind, läuft es erneut schief. Beim Partnerschafts-Coaching, gehen wir auf jedes einzelne Detail ein, wir bringen alles auf den Punkt. Sie werden erstaunt sein, was sich da zusammentragen lässt. Genauso werden Sie lernen, die gesamten Mechanismen einer Beziehung zu verstehen und die daraus resultierenden Pro-

blematiken, wenn die Parameter von Anfang an nicht richtig gestellt werden. Eine optimale Partnerschaft ist kein Geschenk des Himmels, sondern will intensiv erarbeitet werden. Das Partnerschafts-Coaching hilft Ihnen, Ihre alte Partnerschaft besser zu verstehen und manches Dilemma zu begreifen, um es in Zukunft zu vermeiden. Denn Sie kennen es sicherlich, die Dinge laufen permanent nach dem alten Schema ab, weil Sie nicht aufpassen.

Da gibt es die nette Geschichte von der Freundin, die schon zum fünften Mal einen Alkoholiker hat. Das ist natürlich der absolute Wahnsinn, so etwas müsste nicht sein. Wenn Sie das interessiert, wir bieten zu diesem Thema Partnerschafts-Coaching und regelmäßig Schulungen an. Sie haben die Möglichkeit, kostenlos eine Stunde ein Partnerschafts-Coaching zu besuchen, damit Sie unsere Arbeitsweise kennenlernen. Vorab können Sie mein Buch „Ein Millionär als Traumpartner" lesen.

Was präferieren Sie
So unterschiedlich, wie wir Menschen sind, so unterschiedlich sind unsere Wünsche und Bedürfnisse. Nachdem Sie jetzt alles gelesen haben, was bevorzugen Sie bei der Geschichte? Was macht Ihnen am meisten Freude? Sagen Sie jetzt nicht, nichts! Auch wenn Sie vielleicht das Gefühl haben, dass Sie im Moment nur Ihre Ruhe möchten. Dann gönnen Sie sich diese und arbeiten Sie dennoch an Ihrer Zukunft. Denn es ist ja nicht so, dass Sie plötzlich den Wunsch auf eine Partnerschaft verspüren und sofort eine haben, das Ganze baut sich sukzessive auf. Notieren Sie nach Priorität Ihre Präferenzen.

1.) _____

2.) _____

3.) _____

4.) _____

5.) _____

Was empfinden Sie? _____

Wann werden Sie damit starten? _____

Schön, dass Sie sich sofort festgelegt haben, denn ohne dies würde es zu lange dauern oder nicht soweit kommen, das wäre einmal mehr, verlorene Zeit.

Ihr Fazit: _____

Weiterleben wie bisher

Jetzt nähern wir uns langsam aber sicher dem Ende. Wir haben verschiedene Aspekte angeschaut. Sie haben fleißig mit gearbeitet und es kristallisiert sich heraus, dass Sie die alleinige Entscheidungskraft in sich haben. Sie können frei wählen und dies heißt, es für sich zu nutzen. Sie haben alle Möglichkeiten dieser Erde. Das Einzige, was erforderlich ist, eine Entscheidung fällen, in welche Richtung es gehen soll. Wenn Sie darüber Näheres lesen möchten, holen Sie sich mein Buch speziell über das Thema, mit dem Titel „Trainiere deinen Entscheidungsmuskel!" Wir haben die Wahl und wissen es nicht zu nutzen. Das ist fatal, denn dadurch verengt sich unser Leben stark.

Nein, nie und nimmer

Soll alles bleiben, wie es war? Nur mit dem Unterschied, dass Ihr Partner nicht mehr mit Ihnen zusammen ist. Oder soll es besser und schöner werden? Wenn ich die Teilnehmer auf den Schulungen oder beim Coaching nach ihren Zielen frage, erhalte ich oft die Antwort „Ich hätte gerne ein besseres und ruhigeres Leben. Dann wünschte ich mir Frieden, genügend Geld, Harmonie, einen lieben Partner, Unabhängigkeit, Ruhe und natürlich Gesundheit. Viele Wünsche auf einmal, bei denen Sie sich bestimmt auch erkennen. Wie die Erfolgsformel lautet, kennen Sie bereits. Halten Sie sich genau daran, setzen Sie Ihre Ziele, gehen Sie an die Planung und innerhalb von 0 Stunden legen Sie los. Kontrollieren Sie regelmäßig, das heißt mindestens ein Mal am Tag Ihren Fortschritt, um eventuell sofort Korrekturen einzuleiten.

Packen Sie Ihr Leben an

Packen Sie es an und lassen Sie es nie mehr los. Sie sind nicht der Spielball der anderen, Sie alleine können es managen. Tun Sie es konsequent und Sie werden erstaunt sein, was Sie in relativ kurzer

Zeit bewegen können. Das passiert jedoch nur durch das Anfangen. Wenn Sie zu der großen Masse der Unterlasser gehören, wird sich nichts tun.

Ich gönne dem anderen nicht die Freude
Das sollte zusätzlich zu Ihrer Maxime gehören, dass Sie dem anderen wahrhaftig nicht die Freude gönnen, man Sie am Boden liegen sieht, dann haben Sie verloren. Da Sie aber ein Gewinner sind, setzen Sie alles daran, um nie solch ein Bild abzugeben. Zeigen Sie unerkannte Stärke und nicht das Bild eines jammernden, unglücklichen Menschen. Mit solchen Menschen hat man es nicht so gerne zu tun.

Hören Sie nicht auf die anderen
Hören Sie weder nach rechts noch nach links. Ich bin oft überrascht, wie viele selbst ernannte Berater es auf dieser Erde gibt. Mit welcher Vehemenz diese teilweise ihre Ideen vertreten. Genau da sollten Sie sich in Acht nehmen und stets bei allem hinschauen und überprüfen. Wer sagt das? Was hat dieser Mensch in seinem Leben erreicht? Gehört er zu den Erfolgreichen, kennt er sich aus, weiß er, wie es geht? Oder ist es nur einer dieser vielen Theoretiker, der auf das eigene Wohlbefinden aus ist? Diese findet man häufig in den eigenen Reihen, deshalb ist Vorsicht geboten.

Schreiten Sie erhobenen Hauptes durch die Welt
Das hat nichts mit Überheblichkeit zu tun. Alleine, wenn Sie Ihr Haupt aufrecht tragen, kommen Sie in ein anderes Schwingungsfeld hinein. Es geht Ihnen dadurch besser und Sie fühlen sich energiegeladener. Testen Sie es sofort, heben Sie Ihren Kopf, warten 30 Sekunden. Wie fühlen Sie sich? Dann beugen Sie Ihr Haupt nach vorne, Schulter ebenso. Wie fühlt es sich an? Genauso entscheidend ist, wie Sie sitzen und gehen. Atmen Sie tief durch, das gibt Ihnen zusätzlich Kraft und Power.

Jetzt erst recht

Bitte gehen Sie als lebensfroher Mensch durch die Welt. Tun Sie endlich die Dinge, die Sie schon seit Langem tun wollten. Davon gibt es mit Sicherheit einige, die durch die Partnerschaft auf der Strecke geblieben sind. Das passiert häufig, dass man manch lieb Gewonnenes aufgrund der Partnerschaft streicht. Das ist schade, denn es wird der Tag kommen, wo Sie es bereuen werden, dass Sie dies zugelassen haben. Keine Partnerschaft ist es wert, Abstriche zu machen, auch wenn viele genau das Gegenteil behaupten. Es liegt an Ihnen, was Sie daraus gemacht haben und was Sie in Zukunft daraus machen werden. Sie können sich natürlich auch auf fast nichts mehr reduzieren, wie ich es oft vorfinde, alles des lieben Friedens willen. Kennen Sie das? Bestimmt, wenn nicht gerade aus den eigenen Reihen, dann bei Ihren Freunden und Bekannten.

Was wollten Sie schon lange tun

Graben Sie es aus und fangen Sie nicht mit irgendwelchen Alibigeschichten an, von wegen „Jetzt bin ich zu alt!" Sie haben die Freiheit und damit keine Verpflichtungen, noch Einschränkungen Ihrem Partner gegenüber. Je nachdem, wie lange Sie zusammen waren, ist das ein komisches Gefühl, mit dem Sie sich natürlich zuerst anfreunden müssen, jedoch bitte nicht zu lange. Schreiben Sie alle Dinge auf, die tief in Ihrem Herzen schlummern.

1.) _____

2.) _____

3.) _____

4.) _____

5.) _____

6.) _____

7.) _____

8.) _____

9.) _____

10.) _____

Was haben Sie für ein Gefühl? Als ich damit konfrontiert wurde, war es in der Tat unbeschreiblich. Keine Konfrontation mehr, nur noch Ruhe und Frieden. Das gibt es noch lange nicht in jeder Partnerschaft. Für die meisten bedeutet es auch Knechtschaft. Wenn Sie das nicht glauben, schauen Sie genauer hin? Ich bin erstaunt, wie sich Menschen für andere Leute aufgeben. Bitte nein, sich selbst mit all seinen Bedürfnissen zu belügen, ist nicht intelligent. Stehen Sie zu sich und leben Sie dafür.

Ihr Fazit: _____

Geben Sie Vollgas

Das ist meine nächste Botschaft an Sie. Lösen Sie die Handbremse und geben Sie Vollgas. Sie kommen dadurch in Ihrem Leben enorm weiter und haben mehr Lebensfreude und -spaß. Was gibt es Schöneres, als ein selbst bestimmtes Leben zu führen? Ich finde, das ist die Krönung des eigenen Daseins. Sie haben bestimmt mehr als zehn Punkte aufgeschrieben. Jetzt heißt es zügig, nach der 0-Stunden-Regel zu handeln. Gleich umsetzen, anmelden, telefonieren oder was sonst erforderlich ist, um damit starten zu können. Schreiben Sie Ihre wichtigsten Positionen auf.

1.) _____

2.) _____

3.) _____

Spüren Sie ein Glücksgefühl in sich? Wenn ja, wunderbar, dann liegen Sie richtig. Empfinden Sie nichts dabei, ist es zu schwach. Dann arbeiten Sie nochmals daran, bis Sie es haben. Bei dieser Aufgabe, muss Ihr Herz Luftsprünge machen und Sie müssen unendliche Power in sich spüren.

Ihr Fazit: _____

Suchen Sie nach Ihrem Lebenswerk
Leben heißt, sich wohlfühlen, Dinge zu tun, die einem unendlich Freude bereiten, das Endresultat daraus ist Glück, reines Glück. Fast die meisten tun jedoch alles, um dort nie hinzugelangen. Sie dürfen nie mehr gegen Ihr Inneres arbeiten. Das ist ein Frevel und eine Gemeinheit, sich persönlich gegenüber. Dabei vergessen die meisten, dass sie sich ein Leben lang haben. Wenn man sich das überlegt, stimmt es bedenklich. Sie sollten sich Ihr bester, aber wirklich der allerbeste Freund sein.

Sorgen Sie für Ihren eigenen Wohlfühlbereich
Wenn Sie sich richtig wohlfühlen, vergessen Sie völig Zeit und Raum, es geht Ihnen leicht von der Hand. Sie schauen auf die Uhr und sind völlig überrascht, dass bereits so viel Zeit vergangen ist. Das Gegenteil davon, Sie schauen auf die Uhr und sagen „Oh nein, erst fünf Minuten vorbei, wie lange soll das noch dauern?" Ich denke, Sie haben bereits beide Situationen erlebt. Nicht die anderen sind dafür verantwortlich, dass Sie sich wohlfühlen. Es ist Ihre große Lebensaufgabe, dafür Sorge zu tragen.

Was würden Sie am Allerliebsten machen

Wenn ich diese Frage stelle, kommt oft die Antwort „Da würde es einiges geben, aber.....!" Die Augen leuchten kurz auf, um sofort zu erlöschen. Das ist schade und unnötig. Wie sagte Walt Disney, dazu treffend

„If you can dream it, you can do it!"

Das ist faszinierend und dennoch handeln die Menschen völlig konträr. Sie führen Alibigeschichten auf, anstatt nach den positiven Dingen zu suchen und diese umzusetzen. Schreiben Sie sofort alles auf, was Sie gerne tun wollen. Nicht kleine, nebensächliche Dinge, sondern die großen Träume. Dabei hilft die Aussage

„Bis über den Tod hinaus!"

Zur besseren Findung. Wenn die meisten Menschen sterben, war es das. Bauen Sie jedoch an einem großen Lebenswerk, geht es über den Tod hinaus. Das ist im Moment das Thema.

1.) _____

2.) _____

3.) _____

4.) _____

5.) _____

6.) _____

7.) _____

8.) _____

9.) _____

10.) _____

Zehn Punkte sind enorm viel. Wir arbeiten aber stets im so genannten maximalen Bereich und können das eine oder andere streichen. Es ist leichter zu streichen und zwar so lange, bis der Kernpunkt übrig bleibt. Was könnte Ihre Lebensaufgabe sein?

Was ist es? _____

Wie fühlt es sich an? Bitte nicht sofort mit den Problemen arbeiten, die eventuell entstehen könnten. Das ist im Moment nicht die Frage. Genauso wenig, ob das schwierig sein wird oder nicht. Natürlich ist alles, was neu ist, in erster Linie völlig ungewohnt und benötigt eine gewisse Trainingszeit, bis es zur Selbstverständlichkeit wird. Von nichts, tut sich nach wir vor nichts.

Ihr Fazit: _____

Jetzt fängt der Rest Ihres Lebens an

Diese Aussage finde ich in der Tat wunderschön und entscheidet letztlich alles. Ab sofort fängt der Rest Ihres Lebens an, ist das nicht wunderbar? Genau in dem Moment, kann alles anders werden. Sie können eine wunderbare Zukunft Ihr eigen nennen und Spaß und Freude auf dem Weg dorthin erleben. Sie können aber auch das Gegenteil davon haben.

Stürzen Sie sich in die Arbeit

Das ist nach wie vor, die beste Medizin. Denn wer sich nur um seine Probleme kümmert, vergrößert diese. Der gesamte Fokus kreist um das eine Dilemma. Sie verlieren viel Energie, die das Ganze unnötig verschlimmert. Probleme sind da, um in die Lösungen zu gehen, dies mit einem schnellen Tempo. Ich wiederhole mich nochmals, das Problem ist bekannt, nämlich der Partner ist weg. Alles klar, was mache ich daraus? Wir dürfen nicht zulassen, dass das Problem in unendliche Höhen wächst.

Die beste Medizin ist das Arbeiten
Da lachen etliche darüber, weil sie keine Ahnung haben. Wenn Sie arbeiten und sich voll einsetzen, entstehen positive Dinge. So denken und handeln Erfolgreiche. Auf der einen Seite ist etwas zerstört und das Gegenstück dazu, ist ein neues Werk. „Was soll ich machen, wenn mir die Arbeit keinen Spaß bereitet oder ich keine habe?" Das Erstere höre ich häufig, das ist natürlich fatal. Womöglich ein Leben lang eine Arbeit zu verrichten, die keine Freude bereitet, das müssen Sie ändern. Wenn Sie suchen, werden Sie es finden. Wenn Sie es nicht schaffen, lassen Sie sich coachen. Das ist eine legitime Sache, die Ihnen hilft, schnell voranzukommen. Sollten Sie keine Arbeit haben, bieten Sie sich zu einem Praktikum an. Bewegen Sie sich, überwinden Sie die eigene Trägheit, auch wenn Sie im Moment genau das denken, was viele tun „Ich arbeite doch nicht umsonst, wozu denn!" Sie sehen, es liegt an Ihnen, ob Sie etwas daraus machen oder nicht.

Veränderung ist angesagt
Werfen Sie Altlasten über Bord. Ihre Eltern haben an Ihnen herumgebastelt, die Lehrer, Chefs und natürlich die Partner. Nun ist es an der Zeit, alles über Bord zu werfen und ein eigenständiges

Leben zu führen, ohne die unzähligen Ge- und Verbote. Es liegt viel Segen darin, ab sofort die entscheidenden Maßnahmen, ohne „Wenn und Aber" einzuleiten. Warten Sie keine Sekunde länger.

Keiner kann Sie aufhalten

Ist das nicht wundervoll, keine Person auf dieser Erde kann Sie aufhalten, außer Sie lassen es zu. Dann sind Sie natürlich selbst daran schuld. Bauen Sie sich eine absolute Siegermentalität auf. Ihr Blick geht ausschließlich nach vorne, Sie arbeiten und leben zielgerichtet. Sie sind ein Macher und das ist die entscheidende Suggestion für Sie. Fest daran zu glauben und es zu wiederholen.

Sich regen, bringt Segen

Eine uralte Weisheit, die nach wie vor ihre Gültigkeit hat. Das heißt, nicht zu jammern und zu klagen, sondern sich bewegen und Positives zu produzieren, dies schafft neue Welten. Viele Menschen leben leider in dem Irrglauben, wenn man genügend hofft, würden die Dinge sich von selbst richten, sicherlich nicht.

Lassen Sie sich zum Erfolg coachen

Wenn Sie das Gefühl haben, dass Sie nicht alles erreichen, ist das überhaupt nicht tragisch. Im Gegenteil, es ist eine gute Erkenntnis. Natürlich hängt es davon ab, was Sie daraus machen. Alleine diese Erkenntnis zu haben, bewirkt nichts. Jetzt gilt es zu erkennen, wie Sie sich helfen lassen können, getreu dem Motto

„Der Kluge lernt von den anderen,
nur der Narr macht alles alleine!"

Nun denn, zu welchen Personen zählen Sie sich? Hören Sie in sich hinein, und beantworten Sie diese Frage ehrlich.

Sie lassen sich doch sonst auch helfen

Wenn Sie zum Beispiel Zahnschmerzen haben, was machen Sie da? Ist doch logisch, werden Sie sagen, ich gehe zum Zahnarzt. Wenn ein steuerliches Problem auftaucht? Auch klar, Sie gehen zum Steuerberater. Sie wissen schon seit ewigen Zeiten, was zu tun ist. Wenn Sie ein Partnerschafts- oder Erfolgsproblem haben, was machen Sie dann? Wohl nichts, wie die meisten. Als Frau werden Sie sich womöglich bei einem Partnerproblem, mit Ihrer besten Freundin austauschen und sich ein paar kluge Ratschläge holen. Und bei einem Erfolgsproblem werden Sie das womöglich tun, was die meisten machen. Sie suchen nach einer billigen und passenden Opferrolle.

Holen Sie sich einen Partnerschafts-Coach

Ein Partnerschafts-Coach weiß, wie es geht, und kennt sich in der Materie gut aus. Er ist schon seit Jahren im Markt tätig und hat mindestens ein Buch geschrieben. Er arbeitet ganzheitlich und nur das wird Sie zum Erfolg führen. Genau aus diesem Grund sollte der Beste gerade gut genug für Sie sein. Es kostet Geld, aber dies macht sich bezahlt. Wie bereits erwähnt, bekommen Sie die erste Stunde kostenlos zum Kennenlernen. Nutzen Sie die Chance und lernen Sie eine völlig andere Art und Dimension kennen.

Holen Sie sich einen Erfolgs-Coach
Es gibt auf dem Markt kaum Erfolgs-Coaches. Betriebsberater und sonstige Coaches gibt es mittlerweile, wie Sand am Meer. Coaches aber die ganzheitlich arbeiten und alle Bereiche des Lebens mit einbeziehen, sind kaum zu finden. Genau um das geht es letztendlich. Es nützt nichts, wenn Sie beruflich top sind und privat flop, oder umgekehrt, das ist eine schlechte Ausgangsbasis. Mit solch einer Situation dürfen Sie sich nie zufriedengeben. Ein Erfolgscoach fordert und fördert Sie nach Ihren Wünschen. Sie gelangen schneller voran und haben dadurch den Erfolg, welchen Sie sich wünschen. Auch hier erhalten Sie eine kostenlose Einheit.

Wie geht das vonstatten
Das werden wir oft gefragt. Ganz einfach, Sie schreiben uns unter crameri@crameri.de Stichwort „Partnerschafts- oder Erfolgs-Coaching" Ihr Anliegen und was Sie erreichen möchten. Sie erhalten einen Fragebogen, um abzuschätzen, ob wir der geeignete Ansprechpartner sind. Danach ein kurzes Telefongespräch von ca. 10 Minuten. Wenn Erfolgschancen bestehen, werden Sie zu einem kostenlosen Training nach Bad Dürkheim eingeladen. Dort lernen Sie unsere Arbeitsmethode kennen. Gemeinsam wird über den Fortgang entschieden, ob weitergemacht wird oder nicht.

Die unterschiedlichsten Formen warten auf Sie
Sei es ein einmaliges Coaching, bei einem speziellen Problem oder über mehrere Wochen, Monate oder sogar Jahre. Je nachdem, was Sie erreichen und bewegen möchten. Erfolgreiche Menschen haben alle Ihre Coaches, die ihnen im Alltag helfen, denn man kann

unmöglich alles selbst managen. Das funktioniert nicht, dafür gibt es Spezialisten. Gecoacht werden kann bei Ihnen vor Ort, im Urlaub, in Bad Dürkheim, am Telefon oder sonst wo auf dieser Erde. Dem Ganzen sind wahrlich keine Grenzen gesetzt. Entsprechend sind auch die Kosten, die nach dem ersten Training mit Ihnen eruiert werden, damit Sie genau wissen, was Sie erwartet. Unsere Devise lautet

"Wahrheit und Klarheit, von der ersten Minute an!"

Abschlusswort

Liebe Leser,

wie bei allem im Leben, neigen sich die Dinge dem Ende zu. Ich danke Ihnen, dass Sie mich bis hierher begleitet haben. Auch wenn Sie vielleicht das eine oder andere Mal nicht einverstanden waren, da Sie diese Arbeitsweise noch nicht kennen. Das ist nicht schlimm, entscheidend ist, dass man sich damit befasst und die Dinge, die zu tun sind, ohne "Wenn und Aber" umsetzt. Ein Traum, wenn man konsequent bleibt.

Sie haben ab sofort, verschiedene Möglichkeiten und Perspektiven. Es ist bei Weitem nicht so schrecklich, dass Ihr Partner nicht mehr da ist. Es hat viele Vorteile und vor allem schöne Momente, in der absoluten Freiheit endlich sein eigenes Leben zu leben. Wenn es machbar ist, gehen Sie in Frieden Ihren Weg und freuen Sie sich über die gewonnene Freiheit. Wenn es noch Dinge gibt, materielle Ansprüche oder Fragen bezüglich der Kinder, die zu klären sind, sorgen Sie dafür, dass es auf friedlichem Wege abläuft. Wenn dies alles nicht möglich ist, holen Sie sich einen Spezialisten und kämpfen Sie um Ihre Rechte, wie es sich gehört. Dies ist jedoch die allerletzte Lösung.

Ich wünsche Ihnen auf alle Fälle, von ganzem Herzen unendlich viel Kraft und Power, dass Sie all die Dinge die zu tun sind, auch tun. Sie sind ein Erfolgsmensch und genau danach sollten Sie leben. Kompromisse, von denen man uns beigebracht hat, dass diese wichtig sind, lassen Sie, wo diese hingehören, jedoch bestimmt nicht mehr in Ihr Leben.

Machen Sie eine große Meisterleistung aus Ihrem Leben. Arbeiten Sie an Ihrer überdimensionalen Lebensvision, die weit über Ihren Tod hinaus Bestand hat. Seien Sie stolz auf sich und meistern Sie Ihr Leben mit Bravour. Machen Sie sich nie mehr von einer Partnerschaft abhängig. Das ist das Schlimmste, was Sie tun können. Lieben Sie von ganzem Herzen, aber nie bis zur Selbstaufgabe.

Ihrem Ex-Partner wünschen Sie alles Liebe und Gute. Schreiben Sie ihm einen Brief, worin Sie sich für die schöne und weniger schöne Zeit bedanken. In dieser Dankbarkeit wünschen Sie ihm alles Gute, auf seinem weiteren Lebensweg. Bedanken Sie sich auch für diesen Abgang, denn er hat Ihnen neue Perspektiven eröffnet, die leider vorher durch die Beziehung verschlossen waren. Dadurch wurde es Ihnen ermöglicht, dass Sie endlich das Leben führen können, welches Sie schon immer führen wollten.

Sehen Sie das bitte nicht als Unsinn an, sondern als enorm wichtiges Abschlussprozedere. Die Dinge müssen wirklich abgeschlossen werden. Dadurch werden Sie freier und haben wesentlich mehr Lebensfreude und –spaß, diese vor allem in Freiheit.

In diesem Sinne alles Liebe und Gute für Sie. Wenn solch eine Epoche zu Ende geht, habe ich ein lachendes und ein weinendes Auge. Das Weinende, weil es zu Ende ist und das Lachende, weil ich genau weiß, Erfolgreiche sehen sich bestimmt wieder.

Ihr Ernst Crameri

Meine und unsere Dienstleistungen

Da ich der Meinung bin, dass das Leben spannend und aufregend ist, habe ich mich nie mit einer einzigen Sache begnügt. Ich wollte immer wesentlich mehr tun und haben. Ein Mensch hat unendliche Fähigkeiten, darum gilt die Theorie von „Schuster bleib bei deinen Leisten" schon lange nicht mehr. Vergessen Sie das, und dass man den erlernten Beruf beibehalten sollte, ist auch ein Ammenmärchen. Das Leben ist Vielseitigkeit und spannend, wenn wir etwas daraus machen. Deshalb freue ich mich sehr, Ihnen die verschiedensten Dienstleistungen zur Verfügung zu stellen. Gerne bin ich und mein Team für Sie da, um Ihnen die Wünsche von den Augen abzulesen, Sie zu verwöhnen und dazu beizutragen, dass Sie ein wundervolles Leben auf Erden führen können.

Hier die Dienstleistungen nach alphabetischer Reihenfolge
Wählen Sie aus dem großen Leistungsspektrum und fragen Sie nach den Konditionen. Gerne sind wir für Sie da und beantworten Ihnen alle Fragen, denn glückliche und begeisterte Kunden sind unser Ziel.

- Bücher schreiben
- Einzelbehandlungen (Fitness/Wellness/Schönheit)
- Erfolgsproduzent und –coachings
- Events
- Hoteltesting
- Hörbücher
- Mystery X Tests
- Naturkosmetik-Produkte
- Privat-Jet
- Reisen

- Schönheitsfarm
- Seminare
- Vorträge

Bücher schreiben

Sie erhalten von uns Bücher, zu den verschiedensten Themen, rund um das Leben. Ebenso bieten wir Ihnen das Ghostwriting an. Das heißt, wir schreiben für Sie Ihr Buch. Ganz wichtig für Unternehmer, denn ein eigenes Buch schafft eine wunderbare Reputation. Wenn Sie ein neues Produkt auf den Markt bringen, ist es ideal, wenn Sie das passende Buch dazu anbieten. Als Fachmann zeigen Sie durch ein eigenes Buch eine hohe soziale Kompetenz.

Unsere Kunden, die sich von der Masse der Mitbewerber abheben wollen und damit einen anderen Nimbus erhalten. **Ärzte,** die ihre spezielle Behandlung publizieren. **Hotels,** die über ihr Haus mit besonderen Eigenheiten berichten. **IT-Firmen,** die etwas Neues entwickelt haben und weitere Firmen, quer durch alle Branchen.

Wieso Ernst Crameri: Weil ich zurzeit bereits 50 Bücher geschrieben habe und weitere folgen. Weil ich weiß, wie es in der Branche abgeht, welche besonderen Kenntnisse erforderlich sind, ein Buch zu schreiben und zum Erfolg zu bringen.

Einzelbehandlungen (Fitness/Wellness/Schönheit)

Wir leben nur ein Mal und unseren Körper nennt man auch treffend, den Tempel, in dem die Seele und der Geist wohnt. Damit der Organismus möglichst lange auf einem hohen Level funktioniert, ist es dringlich, dass wir ihn pflegen und für ihn da sind. Sie erhalten Behandlungen von Kopf bis Fuß. Von intensiver Massage, über fernöstliche Behandlungen und den verschiedensten Spezialanwendungen. Näheres auf der Webseite www.wellness-einzelbehandlungen.de.

Unsere Kunden sind Menschen, die mehr für sich tun wollen. Den Zeitgeist klar erkannt haben, wie wichtig es ist, dass man sich behandeln und pflegen lässt. Vom jungen Mädchen, bis hin ins höchste Alter hinein. Männern wie Frauen, die sich verwöhnen lassen.

Wieso Ernst Crameri: Weil ich aufgrund der jahrelangen Erfahrung einen riesigen Fundus an Wissen und Können mitbringe. Durch die Hotels weiß ich auch, wie und was läuft. Genauso wie auch die Schwachstellen in den einzelnen Firmen. Ein qualifiziertes Team an Behandlern wartet auf Sie.

Erfolgsproduzent – und coachings
Als Erfolgreicher ist eines wichtig, das Erfolgswissen weiter zu vermitteln und anderen Menschen zu helfen, zum Erfolg zu gelangen. Das ist in jeder Hinsicht eine wundervolle Aufgabe. Es gibt folgende Arten von Coachings, einmal vor Ort in den Firmen, dann am Telefon. Es geht mit täglichen und wöchentlichen Coachings los. Wenn eine Veränderung stattfinden soll, ist es dringlich, dass man dran bleibt. Denn die alten Gewohnheiten lassen sich nicht über Nacht über Bord werfen. Es ist stets ein längerer Prozess, ein Reifeprozess der stattfindet.

Wer sind die Kunden, von kleinen Kindern bis hin ins höchste Alter. Es sind Menschen, die etwas in ihrem Leben verändern möchten. Für die es in dieser Art nicht mehr weiter gehen kann. Wichtig dabei ist der klare, eiserne Wille, der Veränderung. Von Einzelpersonen aus allen Schichten und Berufszweigen, bis hin zu großen Firmen.

Wieso Ernst Crameri: Weil ich weiß, wie man aus Menschen Spitzenleistungen rausholt, sie mit einem Lachen und dennoch der nötigen Ernsthaftigkeit zum Erfolg führt. Erfolg ist kein Zufall, sondern planbar.

Events

Wir organisieren große Events, für die verschiedensten Veranstalter. Dabei übernehmen wir die komplette Dienstleistung der Lokationssuche, bis hin zum Catering und kompletten Handling, dass die Veranstaltung reibungslos abläuft. Selbst organisieren wir eigene Events in der gesamten Welt und für Firmen, die für ihre besten Mitarbeiter Incentives ausrichten.

Wer sind unsere Kunden, Firmen und Seminarveranstalter, die das Handling einem Profi überlassen. Genauso wie Einzelpersonen, die ein außergewöhnliches Fest, wie zum Beispiel Hochzeit, Geburtstag oder sonstige Festivitäten ausrichten.

Wieso Ernst Crameri: Events zu organisieren erfordert einen riesigen logistischen Aufwand, es sind viele Parameter, die zusammen spielen, damit es reibungslos über die Bühne geht. Ein qualifiziertes Team steht Ihnen, mit Ernst Crameri, während der Veranstaltung vor Ort zur Verfügung und managt den gesamten Ablauf.

Hörbücher

Hörbücher als wunderbares Instrument, für die Fort- und Weiterbildung. Ideal beim Autofahren, als sogenannte rollende Universität, um neues Wissen zu erlangen. Ebenso beim Sport und auch im Alltag einsetzbar.

Wer sind die Kunden, von der Einzelperson bis hin zu Firmen, die für ihre Mitarbeiter unsere Hörbücher bestellen und verschenken. Oder sogar als Pflichtprogramm für das eigene Team einsetzen. Nur wer permanent trainiert hat Erfolg.

Wieso Ernst Crameri: Weil ich mit meiner Sprache voller Begeisterung, die Leute motivieren kann. Die Sprache und Ausdrucksweise muss fesselnd sein und die Zuhörer begeistern. Es muss im Gegenüber etwas ausgelöst werden. Ein sich Wiederfinden, um in die Umsetzung zu gelangen.

Mystery X Tests

Als Kunde in Geschäfte gehen und einkaufen, den Service, die komplette Dienstleistung zu überprüfen, um nachher die positiven wie negativen Seiten mit der Geschäftsleitung und dem Team zu analysieren. Danach in die Veränderung zu gehen, durch Training vor Ort.

Wer sind die Kunden, jeder der ein Geschäft hat und auf Servicequalität und Kundenzufriedenheit großen Wert legt. Denn die heutige Konkurrenzsituation ist riesig, wenn ein Kunde nicht zufrieden ist, geht er gleich. Dies gilt es zu vermeiden, und für die Kunden stets die allerbeste Leistung zu bieten.

Wieso Ernst Crameri: Weil ich die Zusammenhänge schnell erkenne und die Firmen wieder in den positiven Mehrwertbereich für die Kunden führe. Jede Firma hat sogenannte Leichen im Keller aber auch Goldadern. Ersteres gilt es zu eliminieren und die Goldadern zu bergen.

Naturkosmetik-Produkte

Herstellung und Vertrieb der eigenen Crameri-Naturkosmetik-Produktelinie, seit über 25 Jahren. Kein riesiges Sortiment, sondern ein straffes und hochkarätiges, für jeden Hauttyp. Spannend auch als White-Labeling, das heißt, die Produkte erhalten das Etikett des Kunden und sind somit seine Produktlinie.

Wer sind die Kunden, der Endverbraucher, welcher jeden Monat die Produkte für den persönlichen Bedarf bezieht. Schönheitsfarmen, Kosmetik-Studios, Friseure, Masseure, Physiotherapeuten, Farb- und Stilberaterinnen, Fußpfleger, Fachgeschäfte und Hotels beziehen die

Produkte. Bei White-Labeling handelt es sich um dieselben Kunden.

Wieso Ernst Crameri: Weil wir seit über 25 Jahren erfolgreich auf dem Markt sind, und Sie in uns einen zuverlässigen Partner haben. Von der Produktion bis hin zur Vermarktung.

Privat-Jet
Ein absoluter Traum, in den Privat-Jet einzusteigen und dies ohne lange Kontrollen und Warten. Die Maschine steht bereit, Sie fahren an und wenige Minuten später befindet sich der Jet bereits in der Luft. Schneller und bequemer geht es nicht.

Wer sind die Kunden, Einzelpersonen, die schnell von A nach B müssen. Skiflüge nach St Moritz, zum Autorennen nach Monte Carlo, nach Sylt und weitere spannende Flüge. Firmen, die ihre besten Kunden oder Mitarbeiter zu einem Incentive einladen.

Wieso Ernst Crameri: Weil wir seit über 20 Jahren in diesem Metier vertreten sind. Ich bin stets dabei und betreue die Gäste vor, während und an den Destinationen. Ich liebe es, mit dem Privat-Jet unterwegs zu sein.

Reisen
In die gesamte Welt, am meisten Kreuzfahrten auf Flussschiffen und auf den Weltmeeren. Mit wunderbaren Rahmenprogrammen, wie besonderen Ausflügen, Vorträgen und Seminaren. Ebenso exclusive 5* Hotels, auf der ganzen Welt.

Wer sind die Kunden, Einzelpersonen, die gerne auf den Events dabei sind und Firmen, die Incentivereise für ihr Team und ihre Kunden durchführen. Die besondere Belohnung für außergewöhnliche Menschen.

Wieso Ernst Crameri: Weil ich die schönsten und besten Schiffe persönlich kenne. Bei den Reisen selbst dabei bin, oder das qualifizierte Team.

Schönheitsfarm

Naturkosmetik-Schönheitsfarm, mit ganzheitlichen Behandlungen von Kopf bis Fuß. Um sich richtig schön verwöhnen und die Seele baumeln zu lassen.

Wer sind die Kunden, 60% Frauen, die sich etwas Besonderes gönnen und 40% Männer. Diese sind immer stärker auf dem Vormarsch. Einzelpersonen buchen, genauso wie Frauen die ihre beste Freundin oder Mutter mitbringen, bis hin zu Vereinen und Firmen. Männer, die aufs Seminar kommen und die Frauen werden in der Zeit verwöhnt.

Wieso Crameri-Naturkosmetik: Wir sind bereits seit über 35 Jahren auf dem Markt und bilden auch im Beauty & Wellnessbereich aus. Ein hoch qualifiziertes Team wartet auf Sie.

Seminare

Zum Thema Erfolg und alles, was damit zusammenhängt, ganzheitliche Rhetorik, Erfolgsdenken, Geld-Seminare, Ausbildungen zum Beauty&Wellness-Spezialisten, Erfolg im Internet, Social Media und vieles mehr.

Wer sind die Kunden, Einzelpersonen, die sich fort- und weiterbilden möchten. Firmen, die ihr Team zum Training und zur Ausbildung schicken.

Wieso Ernst Crameri: Durch Zehntausende von Schulungen und Seminaren, top im Training und stets auf dem Laufenden. Ferner gehöre ich zu den Top 100 Excellent Trainers in Europa. Mit großer Leidenschaft auf vielen Veranstaltungen dabei.

Vorträge
Spannende und fesselnde Vorträge vor kleinem und großem Publikum. Vorträge zu den verschiedensten Themen rund um Erfolg. Verstärkt Vorträge zum Thema Internet und hier vor allem Social Media.

Wer sind die Kunden, Organisationen, die mich engagieren, Verbände, Vereine und Firmen. Innovativ unterwegs, in eine völlig neue Welt des Erfolges.

Wieso Ernst Crameri: Durch die brillante Sprache und Ausdrucksweise, ein fesselnder Redner, welcher das Publikum begeistert. Sein schweizer Akzent und Humor, begeistert die Zuhörer im In- und Ausland.

Bei Fragen wenden Sie sich bitte direkt an

Crameri-Naturkosmetik GmbH
Mannheimerstr. 11b
67098 Bad Dürkheim
Tel. 0049-6322-5734
Fax 0049-6322-66071
E-Mail: Sekretariat info@crameri.de
Geschäftsleitung gn@crameri.de

Ein Auszug aus unseren Werken

Ein Millionär als Traumpartner

Partnerschaftsratgeber gibt es in Hülle und Fülle. Trotz des prasselnden Feuerwerks an gut gemeinten Informationen und Richtlinien, scheinen die Menschen ihr Verhalten nicht anzupassen und werden in Beziehungen immer unglücklicher und unglücklicher.

"Ein Millionär als Traumpartner" packt dieses Problem von einer ganz neuen Seite an. Es wird ganzheitlich vorgegangen. Anstatt den Menschen Vorschriften zu machen, wird ihnen ein Spiegel vorgehalten, der klar macht, wo die Ursachen für die Umsetzungsprobleme liegen.

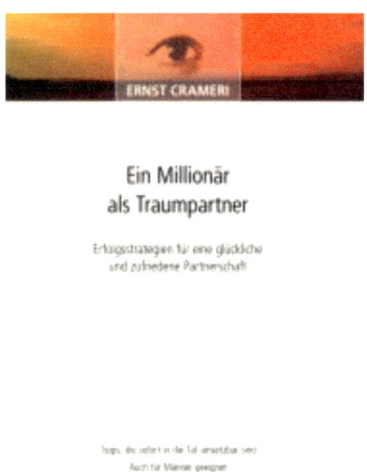

Weitere Bücher finden Sie unter www.bücherverlag.com
oder unter www.buchverlag24.de

Fange endlich an zu leben

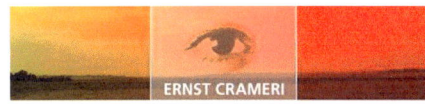

Ein Titel, welcher schon lange fällig war. Die meisten Menschen leben leider, als hätten sie ein ewiges Leben. Vieles wird immer wieder auf irgendwann verschoben. In der Hoffnung, dass es besser wird oder sich so manches von alleine erledigt.

Dem ist aber leider nicht so. „Von nichts tut sich auch nichts!" Das Buch geht ans Eingemachte. Um klare Fakten, endlich sein Leben voll und ganz in die eigenen Hände zu nehmen und für sich selbst Verantwortung zu tragen.

Weitere Bücher finden Sie unter www.bücherverlag.com oder unter www.buchverlag24.de

Wahrheit und Klarheit im Kosmetik- und Wellness-Institut

Hier geht es um viele Fakten in der Wellness-Branche. Was oft als Wellness verkauft wird, hat fast nichts damit zu tun. Eine klare Abrechnung mit den schwarzen Schafen, die leider eine wunderbare Branche in hohem Maße durch Ignoranz und Inkompetenz, in Misskredit bringen.

Dies muss wahrhaftig nicht sein. Das Buch dient für Wellness-Bewusste als klare Entscheidungshilfe, was zu erwarten und auch einzufordern ist. Genauso, was zu tun ist, im Falle von schlechter Leistung. Es geht um mündige Bürger, die ihre Rechte und Pflichten klar kennen. Für die Fachwelt dient das Buch als Unterstützung sich danach richten zu können, was alles wichtig ist, um zum Erfolg zu gelangen.

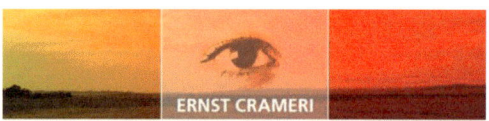

Weitere Bücher finden Sie unter www.bücherverlag.com
oder unter www.buchverlag24.de

Horror
Eingewachsene Zehennägel

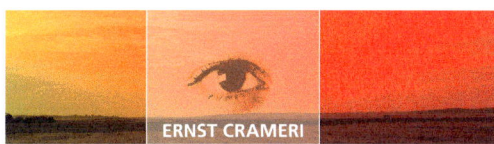

Horror

Eingewachsene Zehennägel

Woher kommen eingewachsene Nägel

Was können Sie dagegen tun

Wertvolle Tipps aus der Praxis

Der Horror für jeden, der schon einmal in den Genuss eines eingewachsenen Zehennagels kam. Das dünnste Leintuch ist oft eine große Qual, Schmerzen ohne Ende. Angefangen mit leichtem Einwachsen, bis hin zu den schlimmsten Entzündungen. Leider ist das Verständnis für diese Störung nicht vorhanden.

Sowohl der Laie als auch die Fachwelt setzen des Öfteren viele große Fragezeichen. Schade, denn durch eine Nagelspangenkorrektur, wie man sie auch aus der Zahnmedizin kennt, ist sehr wohl Abhilfe zu schaffen. Ein Buch für den Profi wie den Laien, sich hier zu Recht zu finden.

Weitere Bücher finden Sie unter www.bücherverlag.com
oder unter www.buchverlag24.de

Gib niemals auf, sei kein Verlierer

Leider sind wir zu einer Nation von Aufgebern mutiert. Kaum zeichnet sich die kleinste Schwierigkeit ab, werfen wir die Flinte ins Korn. Damit muss endlich Schluss sein!

Nehmen Sie Ihr Leben in Ihre eigenen Hände und lassen Sie sich von nichts, aber gar nichts irritieren. Bleiben Sie dran und Sie gewinnen. Es ist Ihr Geburtsrecht, als Gewinner durchs Leben zu gehen.

Denken Sie immer daran, „Der Erfolgreiche beginnt da, wo der Erfolglose aufhört!" Zu welcher Gruppe möchten Sie sich zählen? Sie haben die Wahl, wählen Sie bewusst und dann ziehen Sie es durch, ohne "Wenn und Aber."

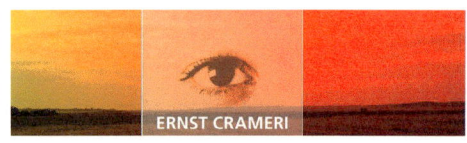

Gib niemals auf, sei kein Verlierer

Schluss mit der Miserie

Wertvolle Tipps für die Durchhaltestrategie

Weitere Bücher finden Sie unter www.bücherverlag.com oder unter www.buchverlag24.de

Bist du ein Mörder
Ich habe mein Tier einschläfern lassen

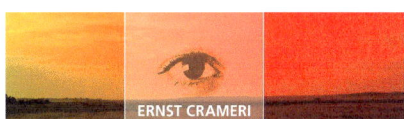

Das Buch dient zur Unterstützung, für die letzten Stunden im Leben Ihres Schatzes. Irgendwann kommt das unvermeidliche Ende! Sie stehen davor, können es nicht fassen, versuchen es auszublenden. Ertragen das Leiden Ihres Freundes nicht mehr. Sie wünschen, dass Ihr Schatz sanft und friedlich einschläft, und wollen nicht die letzte Entscheidung treffen.

Sie kämen sich dabei wie der Herrscher über Leben und Tod vor. Das Buch hilft Ihnen, in diesen schweren Stunden, mit vielen wertvollen und selbst erlebten Inputs. Alle Höhen und Tiefen, der unendliche Schmerz, der alles übertrumpft, was bisher jemals da war. Es hilft Ihnen, zu einer Entscheidung zu gelangen. Besser mit Ihrer unsäglichen Trauer klar zu kommen.

Weitere Bücher finden Sie unter www.bücherverlag.com
oder unter www.buchverlag24.de